전쟁이 발명한
과학기술의 역사

전쟁이 발명한 과학기술의 역사

ⓒ도현신, 2011

초 판 1쇄 2011년 12월   5일 발행
초 판 2쇄 2014년   7월 21일 발행
개정판 1쇄 2019년   3월   4일 발행
개정판 2쇄 2021년 10월   4일 발행

지은이 도현신
펴낸이 김성실
표지 디자인 박대성
제작 한영문화사

펴낸곳 시대의창   등록 제10-1756호(1999. 5. 11)
주소 03985 서울시 마포구 연희로 19-1
전화 02) 335-6125   팩스 02) 325-5607
전자우편 sidaebooks@daum.net
페이스북 www.facebook.com/sidaebooks
트위터 @sidaebooks

ISBN 978-89-5940-680-7 (03900)

이 책에 실린 사진들은 가능한 한 모두 출처를 밝히고 게재를 허락받고자 했습니다. 필요한 절차
가 빠진 경우 언제든 합당한 절차를 밟겠사오니 시대의창 편집부로 연락하시기 바랍니다.

이 도서의 국립중앙도서관 출판예정도서목록(CIP)은
서지정보유통지원시스템 홈페이지(http://seoji.nl.go.kr)와
국가자료공동목록시스템(http:www.nl.go.kr/kolisnet)에서 이용하실 수 있습니다.
(CIP제어번호 : CIP2018029858)

개정판

전쟁이
발명한
과학기술의
역사

도현신 지음

시대의창

전쟁은 '파괴'를 상징한다. 거의 모든 것의 흔적을 지우기 때문이다. 눈부시게 빛나던 문명도, 번영하던 나라도 한순간에 사라져 버린다. 고로, "전쟁은 가장 무서운 재앙이며, 국가와 인간성을 심각하게 훼손한다. 차라리 천벌이 전쟁보다 낫다"는 종교개혁가 마틴 루터의 말은 의미심장하다.

하지만 세상 모든 사물은 양면성을 가지고 있다. 불만 보아도 그러하다. 우리 몸을 따뜻하게 녹이고 음식을 요리하는 긍정적인 에너지로 쓰이는가 하면, '화마'라고 불릴 정도로 집과 건물 등을 비정하게 태워 버리기도 한다. 전쟁도 마찬가지다. '파괴'의 이면에 '창조'라는 긍정적인 얼굴을 갖고 있다.

이 책은 '창조'에 주목한다. 특히 전란 중에 혹은 전쟁 이후에 새로이 출현한 과학기술에 대해 다룬다. 전쟁 하면 가장 먼저 떠오르는 무기(화약, 기관총 등)를 비롯해 의약품(정로환), 건축물(만리장성), 통신기술(인터넷), 복식 문화(변발), 교통수단(수레) 등 다양한 분야에서 그동안 잘 알려지지 않았던 과학기술의 비밀을 밝힌다. 배탈 날 때 주로 복용하는 정로환은 러일전쟁 당시, 타지에서 배앓이를 하는 일본군 병사들에게 지급되던 설사약이었으며, 이제 세계인 누구나 아는 음료인 코카콜라는 전쟁터에서 부상병을 수술할 때 마취제로 쓰이던 코카인을 원료로 만든 것이다. 컴퓨터는 2차 대전 때 영국군이 독일군의 암호를 풀기 위해 만들었고, 인터넷은 미군의 군사적인 네트워크에서 비롯되었다.

히틀러는 라디오 방송을 잘 활용할 줄 아는 영악한 권력자였다. 라디오를 통해 독일 국민들을 선동해 전선에 나서

게 했다. 그러나 뛰는 놈 위에 나는 놈이 있는 법. 소련의 스탈린 역시 라디오 방송을 통해 국민들의 사기를 북돋웠으며 이런 기운을 모아 마침내 독일군을 소련 땅에서 몰아냈다. 남녀 누구나 즐겨 입는 바지는 로마인들이 야만인이라고 비웃던 켈트인들에서, 여성들이 즐겨 신는 하이힐은 중세 기사들의 쇠구두에서 유래했다.

이 책은 이런 흥미로운 이야기들을 세계사의 맥락에서 풀어내려 애썼다. 그러자니 읽어야 할 자료가 많았고, 무엇보다 문학 전공자로서 그간 무지했던 과학기술 분야를 새로 공부해야 했다. 이 과정이 어렵고 힘들었다. 신중을 기했는데도 혹여 기술 서술에서 잘못된 곳이 있다면 주저 말고 지적해 주시기 바란다.

여하튼, 이 책을 쓰는 동안 미처 알지 못했던 전쟁과 과학

6

기술의 관계를 알게 되어 개인적으로는 좋은 기회였다고 생각한다. 이 책이 나오기까지 물심양면으로 도와주신 분들께 진심으로 감사드린다. 시대의창 분들은 말할 필요도 없고, 귀중한 자료를 인용할 수 있게 허락해 주신 다음 카페 토탈워(cafe.daum.net/shogun) 오로쿠트 님을 비롯한 많은 다른 회원께도 고마움을 전한다. 전쟁과 역사의 관계를 파헤치려는 나의 시도는 앞으로도 계속될 것이다.

도현신

차례

3부 영화는 짧고 건축물은 길다

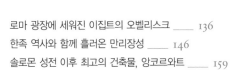

4부 적을 염탐하려다 소통의 도구가 되다

5부 야만족 옷이
패션 아이콘이 되다

6부 이기고 싶은 욕망이
하늘을 날게 하다

7부 원폭 투하 두 번, 지도가 바뀌다

1부 전쟁의 상처를 코카인으로 달래다

화타의 마취제, 마비산

화타가 조조가 이끄는 위나라에 은연중 반감을 품고, 유비와 관우로 대표되는 촉나라에 호감을 갖고 있었다면 이야기는 달라진다. 화타가, 조조와 하후돈 등에게 주는 마비산의 양을 서서히 늘려 그들을 일종의 마약 중독 상태에 빠지게 했을 수도 있기 때문이다. 그래서 조조 등이 환각에 시달리다 정신착란으로 죽어 갔던 것은 아닐까?

《삼국지》에서 유비, 관우, 장비, 제갈
량, 조조처럼 천하를 호령하는 영웅
은 아니었지만, 나름대로 신비한 이
미지 덕분에 유명세를 얻은 인물이
있다. 신의神醫라 불린 화타이다.

화타에 관해 가장 널리 알려진 이
야기는 관우의 치료와 관련된 것이
다. 서촉과 한중 지역을 차지한 유비
는 중원도 손에 넣기 위해 의형제인
관우를 형주로 보내 공격하도록 명했
다. 유비 진영에서 최고 명장인 관우
는 삽시간에 형주를 휩쓸며 북상했

■ 명장 관우(위쪽)의 팔을
고쳐 준 화타(아래쪽).

다. 조조 휘하에서 가장 우수한 정예군인 칠지군七支軍도
관우에게 궤멸당하고 말았다. 그대로라면 관우의 대군이 조
조가 있는 수도 허도에까지 쳐들어가는 건 시간 문제였다.

그러나 관우의 연승 행진은 번성에서 멈추고 말았다. 번
성을 치던 중 관우가 왼팔에 화살을 맞은 것이다. 급히 화살
은 뽑았지만 화살촉에 뼈가 다쳐, 관우는 비만 내리면 팔이
쑤셔 고통스러워했다. 화살촉에 다친 뼈가 아물지 않았기
때문이다.

━━ 명장 관우의 부상

관우의 부하들은 솜씨가 좋다는 의원들을 이리저리 수소
문한 끝에 마침내 화타를 찾아냈다. 상처를 들여다본 화타
는 이렇게 말했다.

"화살촉 독이 뼛속에까지 퍼졌습니다. 뼈에 스민 독을 모두 긁어내지 않으
면 팔을 영영 못 쓰게 됩니다. 치료를 하자면 먼저 장군님 몸을 쇠사슬로
기둥에 묶어야 합니다."

관우는 껄껄 웃으면서 대답했다.

"무엇 하러 번거롭게 쇠사슬까지 쓴단 말이오? 그냥 팔을 째고 뼈를 긁으
면 될 것 아니오. 내가 한낱 아픔이 무서워서 눈물이나 흘리고 비명이나
지를 그런 소인배인 줄 아시오?"

그러면서 어서 수술에 들어가라고 재촉했다. 관우의 말은
결코 허풍이 아니었다. 화타가 칼로 관우의 팔을 째고 뼈를
긁는 소리가 온 막사 안에 퍼지는데도, 태연스레 구운 고기를
먹고 술을 마시면서 부하 장수들과 바둑을 두는 것이 아닌가.
이후 관우의 팔은 말끔히 나았고, 화타의 의술에 감탄한
관우는 화타에게 황금으로 사례하고자 했다. 그러나 화타는

정중히 사양한 후 고향으로 돌아갔다고 한다.

하지만 《삼국지연의》에서 감동적으로 그려진 이 부분은 역사적인 사실과는 다르다. 실제로 화타는 기원후 208년 조조에게 처형당했고, 관우가 번성을 공격하다 부상당한 일은 그보다 11년 후인 219년이다. 결국 《삼국지연의》를 지은 나관중이 관우를 미화하려고 이미 죽은 화타를 억지로 살려 내 등장시킨 셈이다. 삼국 시대 정사인 《삼국지》를 보면, 관우가 저런 식의 치료를 받은 것은 사실이지만, 그 의원은 화타가 아닌 다른 사람이었다.

━ 서구보다 앞선 마취제

그러나 화타가 당시 중국인에게 많은 도움을 주었던 것은 엄연한 사실이다. 화타는 전란이 끊이지 않던 삼국 시대에 중원 각지를 떠돌면서 의술을 베풀어 수많은 사람을 구하고 살려 냈다. 그는 주로 탕약과 뜸, 침으로 치료했으나, 병이 깊어 내과 수술이 필요할 경우에는 먼저 환자에게 마비산麻沸散이라는 약을 먹였다. 그러면 환자는 몸이 나른해져 잠이 들었는데, 그때 화타는 칼로 환부를 째거나 도려낸 후 꿰맸다고 한다.

반면 서구에서는 1846년 미국인 의사 윌리엄 몰턴William Morton이 에테르를 수술에 사용하기 전까지 마취제가 존재하지 않았다. 그래서 수술을 하려면 환부를 그냥 칼로 째야 했고, 이 때문에 많은 환자가 그 고통을 이기지 못해 기절하거나 피를 너무 흘려 죽는 경우도 다반사였다. 11세기 십자군전쟁 당시만 해도 환자가 다리가 아프면 그냥 도끼로 다리를 찍어 잘라 버렸을 정도다. 이렇게 보면 화타의 마비산은 서구보다 무려 1600년이나 앞서 등장한 마취제였던 셈이다.

여기서 한 가지 의문이 생긴다. 마비산은 무엇으로 만들었을까?

많은 연구자가 스코폴라민scopolamine이 마비산의 원료였으리라 추측하고 있다. 스코폴라민은 사리풀이나 벨라돈나풀, 독말풀 등에서 추출되는 알칼로이드 성분 물질인데, 수면과 환각·진통과 마취 효과를 일으킬 수 있다. 스코폴라민은 요즘도 불면증 환자들에게 종종 처방된다.

■ 진통 성분이 들어 있는 독말풀.

스코폴라민은 어지럼증이나 멀미를 멈추게 하는 데도 효능이 탁월하다. 《삼국지》를 보면 조조는 말년에 심한 두통을 앓았는데, 아마 그런 이유로 화타를 불렀던 게 아닐까 싶다. 그러나 스코폴라민은 많이 복용하면, 심각한 환각 증세를 일으킬 수 있으니 조심해야 한다.

━ 환각에 시달린 조조

여기서 흥미로운 것이 상상된다. 《삼국지연의》를 보면 조조와 하후돈을 비롯한 위나라의 많은 권력자가 귀신을 보는 환각에 시달리다 죽는 것으로 묘사되어 있다. 물론 어디까지나 나관중이 지어낸 허구이겠지만, 혹시 그 서술의 이면에 다음과 같은 진실이 숨겨져 있었던 건 아닐까?

《삼국지연의》에서 조조가 두통을 어떻게 고칠 수 있을지 화타에게 묻자, 화타는 이렇게 대답한다.

> "대왕께서 두통이 심한 까닭은 두통의 뿌리가 머릿속 깊숙한 곳까지 파고들었기 때문입니다. 그러니 약이나 침으로는 고칠 수 없습니다. 오직 한 가지 방법이 있는데, 날카로운 도끼로 대왕의 머리를 쪼갠 다음 머릿속의 바람기(頭風)를 걷어 내는 것입니다."

말년에 두통으로 괴로워한 조조.

화가 난 조조가 버럭 소리를 질렀다.

"이런 미친놈을 보았나! 머리를 도끼로 쪼개면 어떻게 살아난단 말이냐!"

위왕의 진노에도 화타는 웃으면서 말을 이었다.

"일찍이 관공(관우)께서는 팔의 뼈를 칼로 긁는데도 태연하게 부하 장수들과 이야기를 나누고 술을 마실 정도로 침착하셨는데, 대왕께서는 어찌하여 그렇게 겁을 내십니까?"

화타가 관우를 들먹이자 조조는 급기야 이성을 잃었다.

"이놈이 갈수록 허튼소리를 늘어놓고 있구나! 팔과 머리가 어떻게 같을 수 있겠느냐! 이제 보니 네놈이 관우와 친밀한 사이여서 그놈을 위해 나를 죽여 복수하겠다는 것이 아니냐? 아무래도 안 되겠다. 이놈을 살려 두었다가는 나중에 반드시 내 목숨을 해칠 터이니, 당장 감옥으로 끌고 가라! 나중에 목을 치리라!"

결국 화타는 감옥에 갇혀 모진 고문을 받다 죽고 말았다는 것이 《삼국지연의》에 나온 화타의 최후다. 화타가 관우를 치료했다는 것과 마찬가지로 이 대화 역시 허구일 가능성이 높다. 그러나 만에 하나, 화타가 조조가 이끄는 위나라

에 은연중 반감을 품고, 유비와 관우로 대표되는 촉나라에
호감을 갖고 있었다면 이야기는 달라진다. 화타가, 조조와
하후돈 등에게 주는 마비산의 양을 서서히 늘려 그들을 일
종의 마약 중독 상태에 빠지게 했을 수도 있기 때문이다. 그
래서 조조 등이 환각에 시달리다 정신착란으로 죽어 갔던
것은 아닐까?

비록 화타는 그의 솜씨를 미더워하지 않은 조조의 분노에
목숨을 잃었고, 그 때문에 그가 지었다던 의서《청낭서》도
한 줌의 재가 되어 사라졌지만, 그가 발견한 마취제 스코폴
라민은 오늘날까지 이어지고 있다.

한편 화타는 단순한 치료 이외에도 평소에 몸을 자주 움
직여야 기력이 생겨 건강해진다고 믿었다. 그래서 호랑이와
원숭이, 곰, 새, 사슴 등 다섯 마리 동물의 움직임을 보고
오금희五禽戲라는 체조를 만들어 널리 보급하기도 했다. 현
대 중국인들이 공원에서 자주 하는 태극권이나 팔극권 등의
동작도 이 오금희에서 비롯되었다고 한다.

일본군의 배앓이 치료제,
정로환

일본군 병사들이 새로운 약을 먹고 배앓이에서 해방되어
용전분투한다는 소식을 듣고 감격한 천황은 다이코신야쿠의 약을
'정로환征露丸'이라고 부르게 했다. 당시 일본인들은 러시아를
'로서아露西亞'라고 했는데, 로서아의 앞 글자인 로를 따서 '러시아를
정벌하는 약'이라고 불렸던 것이다.

■ 정로환

배가 아프거나 설사가 심할 때 습관적으로 찾는 약이 정로환이다. 몇 알을 털어 먹고 나면 신기하게도 배앓이가 깨끗이 낫는다. 탤런트 임현식 씨가 정로환 병을 들고서 "배탈, 설사, 복통엔 정로환!" 하며 환하게 웃던 CF를 기억하는 이들도 있을 것이다.

■ 제국주의가 빚은 약

정로환을 처음 만든 곳은 다름 아닌 일본이다. 정로환의 탄생 배경에는 일본 제국주의라는 어두운 그림자가 드리워져 있는데, 때는 청일전쟁 무렵으로 거슬러 올라간다.

1894년 9월 16일, 일본군은 청나라 군대가 주둔하고 있던 평양을 공격해 함락했다. 10월 24일에는 압록강을 건너 청나라 본토로 쳐들어가 11월 22일에는 뤼순旅順 항을 점령한다. 이때 뤼순에 있던 청군과 백성 6만 명이 일본군에게 무참히 살육당한다.

뤼순을 손에 넣어 좋은 것도 잠시였다. 갑자기 수많은 일본군 병사가 극심한 복통과 설사에 시달리며 드러눕는가 하면, 증상이 심한 이들은 죽기까지 했다. 그 바람에 전투력이 떨어지자, 당황한 일본 정부와 군부는 군의관들을 뤼순으로 급파해 원인을 조사했다. 그 결과, 중국의 물과 토양이 일본인 체질에 맞지 않아 일어난 거부 반응이라는 사실을 알게 되었다. 특히, 물에 세균이 많았다. 요즘도 해외로 여행 갔을 때 물 때문에 탈이 나는 사람들이 있는데, 청일전쟁 당시의 일본군들도 그랬던 것이다.

치료약이 절실해진 일본 정부는 국내의 제약회사들에게 약을 개발하라고 지시했다. 마침내 여러 제약회사가 약을 개발해 내놓았는데, 그중 단연 돋보인 것이 다이코신야쿠太閤新藥의 약이었다.

다이코신야쿠는 너도밤나무에서 추출한 목타르를 증류해 만든 유액인 크레오소트Creosote에 주목했다. 크레오소트를 주원료로, 여기에 감초甘草 · 황련黃蓮 · 향부자香附子 · 황백黃柏을 넣어 약을 만들었다.

크레오소트는 살충과 살균, 제초 등에 탁월하며 예로부터 살충제로 쓰였다. 마취 효과도 있어 수술할 때 진통제로도 쓰였다. 감초는 거의 모든 약초 성분과 잘 조화를 이루며, 다른 약재들을 넣었을 때 일어나는 거부 반응을 없애는 효능이 탁월하다. 약 지을 때 한의사들이 반드시 감초를 넣는 이유도 여기에 있다. 또한 감초에는 글리시리진이 포함돼 있는데, 이것은 염증 치료에 좋고 혈압을 낮추고 진통에도 효과가 있다. 장염에 걸려 설사가 잦거나 소화불량에 걸린 사람에게도 감초는 특효약이다.

황련은 미나리과 식물인데, 주로 뿌리를 갈아서 쓴다. 황련가루는 장티푸스를 치료하는 데 효과가 탁월하며, 열이 많이 날 때 열을 내리는 데도 좋다. 이밖에도 위염이나 소화불량에도 잘 듣는다. 전통적인 한의학에서도 황련은 설사의 주원인인 이질균을 제거하는 데 쓰인다.

향부자는 사이페롤cyperol과 사이페린cyperene이 주성분이며, 주로 여성들이 앓는 생리통이나 자궁출혈을 치료하는 데 쓰인다. 변비나 위장질환에도 잘 들어 남성에게도 좋다. 황백은 황벽나무 껍질을 말려 얻은 약재인데, 구아니딘guaanidin과 베르베린berberin, 리모닌limonin 등 알칼로이드가 주성분이다. 위장병과 심한 복통, 설사와 장염에 효능이 뛰어나다.

■■ 러시아를 정벌하는 약

이렇게 여러 약재를 넣어 만든 이 약이 처음 쓰인 것은 러

■ 정로환은 '러시아를 정복하는 약'이란 뜻이다. 음식 옆에 정로환이 놓여 있다.

일전쟁 때다. 1904년 2월 8일 일본 함대가 뤼순 항의 러시아 군함을 공격하면서 러일전쟁이 터졌다. 전쟁이 발발하자 일본 정부는 다이코신야쿠가 개발한 새로운 약을 병사들에게 의무적으로 지급했다.

1904년 5월, 일본군은 청일전쟁 때처럼 압록강을 다시 건너서 만주로 진격해 봉황성을 함락시키고 8월 28일에는 봉천奉天으로 진격했다. 그러나 청일전쟁 때와 달리 일본군 병사들은 다이코신야쿠의 약을 복용해 설사와 복통에 시달리지 않을 수 있었다.

일본군 병사들이 새로운 약을 먹고 배앓이에서 해방되어 용전분투한다는 소식을 듣고 감격한 천황은 다이코신야쿠의 약을 '정로환征露丸'이라고 부르게 했다. 당시 일본인들은 러시아를 '로서아露西亞'라고 했는데, 로서아의 앞 글자인 로를 따서 '러시아를 정벌하는 약'이라고 불렀던 것이다.

러일전쟁이 일본의 승리로 끝나자, 그에 부응해 정로환도 일본인들에게 열렬한 사랑을 받았다. 러일전쟁 이후의 중일전쟁과 태평양전쟁에서도 정로환은 일본군 병사들의 필수품으로 자리 잡았다.

정로환이 한국에 유입된 것은 1972년으로, 동성제약이 '정로환'을 약품으로 출시하면서이다. 당시 동성제약에서는 다이코신야쿠에서 근무하던 기술자한테서 제조 비법을 알아내 정로환을 만들어낼 수 있었다고 한다. 국내에 유통된 지 거의 40년에 이른 정로환은 아직도 많은 사람에게 사랑받고 있다. 설사나 배앓이, 복통에 정로환이 잘 든다는 말은 이미 상식이 되었고, 정로환을 녹인 물에 발을 담그면 무좀이 낫는다는 민간요법까지 있을 정도다.

코카콜라의 비밀

1944년 페르비틴의 생산량은 나치 집권 이후 최고치에 달했고 전선과
군수 공장에서 계속 소비되었다고 한다. 심지어 마약을 규제한
히틀러조차 전쟁 말기, 독일의 패색이 짙어지자 공포와 불안에 휩싸여
마약을 찾았다.

대부분 국가에서는 마약 복용을 엄격히 금지하고 있다. 아무리 돈과 권력을 쥔 사람이라도 감옥에 갇힐 엄두를 내지 않고서는 감히 손대기 쉽지 않다. 현실이 이렇다 보니 사람들은 대부분 마약은 쾌락을 좇는, 일부 비뚤어진 사람들이나 빠져드는 것으로

■ 코카 잎.

오해하기 쉽다. 하지만 불과 200년 전까지만 해도 코카인과 모르핀을 비롯한 마약은 누구나 아무런 제재 없이 쉽게 구해 일상적으로 복용할 수 있던 것이었다. 믿어지시는가?

■ 코카 잎을 즐긴 잉카인들

마약의 대명사인 코카인은 남미의 페루와 볼리비아가 원산지인 코카나무 잎사귀에서 추출된다. 페루와 볼리비아 원주민들은 코카 잎을 따 가지고 다니면서 먼 길을 가거나 무거운 짐을 질 때 씹곤 했다. 배고픔과 고통을 달래는 데 효과가 뛰어났기 때문이다.

페루를 중심으로 번영한 잉카제국에서는 코카 잎이 널리 퍼져 쓰였다. 잉카인들은 황제 시신을 미라로 만들어 보관

했는데, 미라 입에 코카 잎을 넣어 주었다고 한다. 잉카인들은 두통을 앓는 환자에게 두개골 절제 수술을 하기도 했는데, 이때 마취약으로 코카 잎을 썼다.

1533년, 프란시스코 피사로가 이끄는 스페인 군대가 잉카 제국을 정복하면서 코카나무가 유럽인들에게 알려졌다. 1569년 스페인 의사 니콜라스 모나르데스Nicolas Monardes 는 체구가 작은 잉카인들이 무거운 짐을 지고 고산지대를 오르내리는 모습을 유심히 관찰하고는 그들이 코카 잎을 씹어서 힘을 얻기 때문이라고 결론을 내렸다.

1609년, 페루 북부의 도시 카하마르카에 살던 가톨릭 사제 블라스 발레라Blas Valera는 "코카나무는 많은 질병에서 몸을 보호하고, 이 때문에 코카 잎을 씹는 잉카인들은 유럽 인보다 건강하고 병에 잘 걸리지 않는다"고 기록했다.

하지만 코카 잎에서 코카인이 추출되기까지는 상당한 시간이 걸렸다. 그럴 정도의 화학 지식이 아직 유럽에 없었고, 배로 페루에서 유럽까지 코카 잎을 운반하는 데 너무 시간이 걸려 코카 잎에 함유된 코카인이 손상되었던 것이다.

그러다 1855년 독일의 화학자 프리드리히 가에트케Friedrich Gaedcke가 코카 잎에서 코카인을 추출하는 데 성공했다. 코카인이란 이름은 코카나무 이름에서 따온 것이다.

코카인은 곧바로 유럽의 의사와 약사들에게 큰 주목을 받았다. 물에 타거나 코카인 가루를 직접 흡입해 본 사람들은 기분이 황홀해지면서 고통에 무디어지는 상태를 체험하게 된다. 코카인은 곧 외과용 수술이나 우울증에 매우 좋은 치료약으로 각광받았다.

1863년에는 코카인의 약효를 세계에 입증한 초유의 히트 상품(?)이 등장하는데, 바로 코카인을 넣어 만든 '마리아니 와인(Mariani's wine, 뱅 마리아니Vin mariani라고도 한다)'이었다. 코르시카 출신인 프랑스 화학자이자 약사인 엔젤로 마리아니Angelo mariani가 발명한 것으로, 알코올 10퍼센트에 코카인 8.5퍼센트가 함유된 레드와인이었다. 마리아니는 제 이름을 붙인 이 와인을 보르도의 와인 시장에 내다 팔았다.

마리아니는 이 와인이 피로를 풀어 주고 기운을 북돋워 주는 강장제tonic라고 선전했는데, 그의 말을 듣고 한번 마셔 본 사람들은 다시 마시지 않고는 도저히 못 배길 지경이 되었다. 마리아니 와인은 순식간에 날개 돋친 듯이 세계 각국으로 팔려 나갔다.

19, 20세기 유명 인사들 중에 마리아니 와인을 즐겨 마신

'마리아니 와인' 의 광고 포스터. '강장제 와인' 이라는 문구가 인상적이다.

이는 무척 많다. 영국 빅토리아 여왕을 비롯해 왕세자인 에드워드 7세, 러시아 황후, 스웨덴 국왕, 《우주 전쟁》을 쓴 소설가 H. G. 웰스, 《해저 2만리》작가 쥘 베른, 프랑스 대문호인 에밀 졸라와 알렉상드르 뒤마, 교황 레오 13세와 비우 10세, 미국

■ 마리아니 와인을 즐겨 마신 교황 레오 13세

의 발명가 토머스 에디슨 등이었다.

　하루에 네 시간만 잤다는 발명왕 에디슨은 이 와인을 마시면서 피로를 풀었고, 미국 대통령 율리시스 그랜트는 남북전쟁 때 입은 부상의 고통을 잊기 위해 매일 마리아니 와인을 마셨다고 한다. 마리아니 와인 맛에 감동한 교황 레오 13세는 이 와인을 "인류의 은인"이라고 극찬하면서, 엔젤로 마리아니에게 황금훈장을 선물로 보내기까지 했다.

코카인이 들어간 포도주를 이렇게 많은 이가 아무렇지도 않게 마셨다는 사실에 놀랄 분들도 있을 것이다. 하지만 19세기 말 유럽에서 코카인은 엄연한 합법적인 약품이었다. 오스트리아 정신분석학자 프로이트만 해도 코카인을 무척 좋아해 우울증을 앓을 때마다 복용했으며, 1885년에는 〈코카에 관하여ueber coca〉'라는 논문을 써서 코카인의 효능을 찬양할 정도였다.

마리아니 와인이 크게 인기를 끌자, 이를 모방한 상품들이 쏟아져 나왔는데 그중 하나가 코카콜라Coca cola다. 1886년 5월, 미국 남부 도시 애틀랜타의 약사인 J. S. 펨버턴은 코카나무 열매를 빻은 가루와 코카인을 주원료로 만든 음료수인 콜라를 만들어 약국에 비치해 사람들에게 팔았다.

약사가 왜 음료수를 만들었을까 궁금해할 분도 있을 텐데, 당시 미국에서 약국은 단순히 약만 파는 곳이 아니었다. 마을 사람들이 모여 시원한 음료수를 마시며 이야기를 나누고, 젊은 남녀들이 데이트도 하는 문화적인 공간이었다.

코카콜라는 불티나게 팔렸다. 당시 애틀랜타에서는 금주운동이 한창 펼쳐지고 있었다. 술을 마실 수 없었던 사람들은 알코올 성분이 들어가지 않은 음료수를 찾고 있었는데, 때마침 코카콜라가 등장한 것이다. 달콤한 데다가 마시면 기분까지 좋아지는 코카콜라는 애틀랜타뿐만 아니라 남부 전역으로 퍼져 나갔다.

그러나 20세기 초, 국제의학계는 코카인을 인체에 해로운 마약 성분으로 규정했다. 코카인이 들어간 모든 음식과 음료도 금지되었다. 1903년경, 코카인 대신 카페인이 함유된 새로운 코카콜라가 나왔고, 마리아니 와인은 1914년을 끝으로 제조가 중단되어 사라졌다.

━━ 전선에서 애용된 코카인과 모르핀

그러나 마리아니 와인이 단종된 1914년, 1차 대전이 발발하면서 코카인은 새로운 시장과 구매자를 만나 더욱 열렬히 환영받았다. 전쟁에 투입된 군인들이 너도나도 코카인을 찾았던 것이다.

1차 대전은 이전 전쟁들과 한 가지 점에서 분명히 달랐다. 이전에는 넓은 평원에서 두 군대가 만나 짧은 시간에 정면 대결을 벌여 승부를 내는 방식이었다. 반면 1차 대전은 군인들이 참호 안에서 대기하고 있다가 기관총과 대포로 적을 대량 살상해야 하는, 지루하고도 잔혹한 참호전이었다는 것이다. 기관총이 도입되면서 단 몇 분 만에 수백 명이 몰살당하는가 하면, 19세기보다 명중률과 파괴력이 월등한 포탄이 참호 안으로 떨어져 사람 몸이 산산조각 나는 끔찍한 광경이 일상적으로 벌어졌다. 이 때문에 군인들은 하루하루 극도의 공포 속에서 살았다.

휴전기에 들어갔다고 군인들의 고통이 줄어드는 건 아니었다. 고양이만 한 큰 쥐가 참호 안을 돌아다니면서 병사들의 얼굴을 쪼고 군화를 씹어 먹곤 했다. 툭하면 장티푸스 같은 전염병이 나돌 정도로 참호 안은 불결했고, 군량도 제대로 보급되지 않아 병사들은 굶주림에 시달려야 했다. 독일군의 경우에는 차갑고 맛없는 순무 통조림만으로 세 끼니를 때우기도 했다.

병사들은 죽음에 대한 공포와 열악한 참호 안 현실을 잊는 방법으로 코카인을 선택했다. 나치스 돌격대 대장이었던 괴링Göring은 공군으로 복무할 당시 전투 중에 코카인을 너무 복용해 중독되었을 정도였다.

코카인 못지않게 모르핀도 인기 있는 마약이었다. 모르핀은 1805년 독일 약사인 F. W. A. 제르튀르너가 아편에서 추출해 낸 것인데, 마취와 각성 효과가 있어서 부상병들을 수술할 때 마취제로 쓰였다. 그런데 모르핀 약효를 맛본 병사들이 치료가 끝난 뒤에도 계속 주사기로 맞아 중독되는 일이 잦았다.

전쟁을 치르면서 코카인과 모르핀, 헤로인 등 마약 수요와 소비가 급격히 늘어났다. 그중 사람들이 가장 많이 찾은 것이 코카인이었다. 독일의 경우 1차 대전에 참전한 군인 중 1100만 명이 살아서 돌아왔는데, 이들을 통해서 코카인은 사회 전체로 급속히 퍼져 나갔다.

▬ 마약에 빠져든 전후 독일

코카인이 몸에 해롭다는 의학계 경고에도 코카인 인기는 수그러들지 않았다. 참전 군인들의 처지를 동정한 독일 사회에서 코카인 복용을 범죄로 규정하지 않아 더 그러했다. 부유한 기업가는 물론이고 연예인과 운동선수, 지식인, 노동자에 이르기까지 거의 전 계층이 코카인을 복용했다. 심지어 술집에서는 탁자에 코카인을 놓아 두어 손님들이 마음껏 즐기도록 했다.

당시 바이에르와 리델, 뵈링거 같은 독일의 제약회사는 세계에서 코카인과 모르핀을 많이 생산하는 곳으로 손꼽혔

■ 독일인들은 전쟁의 고통을 잊기 위해 마약에 빠져들었다. 사진은 다큐멘터리 《의지의 승리》의 한 장면.

다. 1925년부터 1930년까지 세계에서 모르핀 230여 톤이 생산되었는데, 그중 40퍼센트인 92톤이 독일에서 만들어졌을 정도다. 더 자세히 보면 독일에서는 1914년에서 1929년까지 모르핀 생산량이 10배나 증가했으며, 코카인도 1914년에서 1925년까지 10배 증가했다. 1925년부터 1931년까지 독일의 코카인 생산량은 미국이나 유럽 등 다른 나라의 생산량을 전부 합친 것보다 더 많았다.

여기에는 그럴 만한 시대적 배경이 있다. 1920년대 독일은 패전 후유증과 천문학적인 물가 폭등으로 경제가 파탄

났다. 이런 현실의 절망과 중압감을 떨쳐 버리려고 독일인들은 코카인과 모르핀 같은 마약에 빠져들었던 것이다.

그러다 1930년대 초, 히틀러가 이끄는 나치가 지배 세력으로 떠오르면서 코카인과 모르핀 사용이 금지된다. 1933년 아편 금지법을 통과시켜 마약류를 엄격하게 규제한다. 우습게도 한때 코카인 중독자였던 괴링을 비롯한 나치 수뇌부가 마약과 알코올 중독을 '독일 민족의 적'으로 규정한 것이다.

코카인 흡입 등을 금지하자 암페타민과 페르비틴 같은 새로운 마약이 개발되었다. 2차 대전 때 전방의 독일군 병사들과 후방의 노동자들은 암페타민과 페르비틴을 복용하면서 전쟁을 견뎌 냈다. 그 무렵에는 군 수뇌부도 "전투에서 임무를 성공적으로 수행하려면 각성 효과가 있는 약물 복용이 절실하다"며 마약 복용을 공공연하게 주장했다.

독일의 사회학자 볼프 라인하르트 켐퍼Wolf-Reinhard Kemper에 따르면, 1944년 페르비틴의 생산량은 나치 집권 이후 최고치에 달했고 전선과 군수 공장에서 계속 소비되었다고 한다. 심지어 마약을 규제한 히틀러조차 전쟁 말기, 독일의 패색이 짙어지자 공포와 불안에 휩싸여 마약을 찾았다. 그는 주치의 모렐 박사에게서 페르비틴과 코카인 같은 마약을 주사로 맞았고, 폐인처럼 지냈다. 결국 나치가 패망하면서 2차 대전은 끝났지만, 참전 군인들은 이후에도 계속 마약을 찾았다.

▬ 테러보다 더 무서운 마약

베트남전쟁에 투입된 미군 병사들도 독일 병사들과 다르지 않았다. 이들 중 3분의 1 정도가 공포, 두려움을 잊기 위해 헤로인을 맞았다. 귀국하고 나서도 이런 습관은 계속되었는데, 이 때문에 미국 사회는 범람하는 마약들로 골머리를 앓았다. 60, 70년대 미국은 가히 '헤로인의 시대'라고 해도 과언이 아니었다.

현대 사회에서도 마약의 위험성은 여전히 사라지지 않고 있다. 한 예로, 아프간의 악명 높은 이슬람 테러 조직인 탈레반은 조직 운영에 필요한 대부분 자금을 대마초 판매에서 얻고 있다. 부시 전 미국 대통령은 테러가 세계 평화와 사람들 생명을 위협한다고 호언장담했지만, 테러보다 더 위협적인 것은 마약이 아닐까. 해마다 마약에 중독돼 죽어 가는 사람들 수치를 보면 말이다.

중국을 점령한 아편

기원전 3400년, 수메르인들은 양귀비를 '기쁨의 풀(Hul Gil)' 이라고
부르며 뿌리까지 통째로 갈아서 주스처럼 마셨다. 이들은 양귀비를
종교적 중심지인 니푸르에서 재배했는데, 신을 섬기는 제사에서
양귀비 주스를 마신 뒤 황홀경에 젖어 영적인 체험을 했다고 한다.

■ 양귀비.

요즘 사람들이 들으면 놀라워할 얘기겠지만, 불과 20~30년 전만 해도 시골에서는 배가 아프거나 설사가 심할 때, 나름대로의 민간치료법이 있었다. 밭에서 기르던 양귀비 열매의 즙을 짜서 말린 가루를 먹는 것인데, 그렇게 하면 신기하게도 배앓이가 멎었다. 하지만 지금 이대로 했다가는 당장 경찰이 달려와 '향정신성 약물 복용 혐의'로 쇠고랑을 채울 것이다. 양귀비 열매의 즙으로 만든 가루가 마약인 아편이기 때문이다.

덜 익은 양귀비 열매를 긁으면 즙이 흘러나오는데, 그 즙을 말리면 짙은 갈색 가루가 된다. 이것을 굳혀서 주사위처럼 뭉친 것이 아편이다. 아편은 진통제로 쓰이는 모르핀 등을 많이 함유해 수술할 때 마취제로도 쓰인다. 하지만 본래 중독성이 강한 마약 일종인지라, 많이 복용하면 환각과 정신착란을 유발하고 심할 경우 죽음에까지 이르게 한다.

■ 수메르인들이 마신 '양귀비 주스'

아편의 역사는 인류 문명의 발상지 중 하나인 메소포타미아에서 시작되었다. 기원전 3400년, 수메르인들은 양귀비를 '기쁨의 풀(Hul Gil)'이라고 부르며 뿌리까지 통째로 갈아서 주스처럼 마셨다. 이들은 양귀비를 종교적 중심지인 니푸르(Nippur, 바그다드 남쪽에 있는 고대 유적지)에서 재배했는데, 신을 섬기는 제사에서 양귀비 주스를 마신 뒤 황홀경에 젖어 영적인 체험을 했다고 한다.

수메르인들이 시작한 아편 복용은 이후 바빌론과 이집트, 미노아문명(크레타 섬)에서 그리스와 로마로까지 전파되었다. 기원전 1500년에 쓰인 고대 이집트 의학서인 《에베루스 *Ebers* 파피루스》에서는 우는 아이를 달랠 때 아편을 조금 먹이면 좋다고 나와 있다.

그리스 철학자 소크라테스는 독미나리 즙을 마시고 죽은 것으로 유명한데, 아편도 독미나리처럼 사람들을 빨리 고통 없이 죽이는 사약으로 쓰였다고 한다.

기원전 1300년경, 이집트인들은 양귀비를 대량 재배하는 농장을 나일강 주변에 일구었다. 뛰어난 항해사이자 무역상인 페니키아인들이 이 양귀비를 크레타 섬과 그리스, 카르

타고를 거쳐 유럽에까지 퍼뜨렸다. 기원전 1100년이 되자 양귀비는 키프로스 섬에 전해져 경작되었고, 추출된 아편은 아시리아와 바빌론, 페르시아인들에게 팔렸다.

중세 초, 이슬람제국이 지중해를 지배하면서 아편은 이슬람 사회에도 전파되었다. 그러나 대다수 이슬람교도는 이슬람교 창시자인 무함마드가 남긴 《하디스》(무함마드가 말하고, 행동하고, 다른 사람의 행위를 묵인한 내용을 기록한 책)를 근거로 들어 아편을 금지 물질로 여겼다.

그런데 아편이 약으로 적합하다는 학자들 해석이 나오면서, 이슬람 사회에서도 아편이 널리 쓰이게 된다. 페르시아인 의사 이븐 자카리야(Ibn Zakariya, 845~925)는 우울증 같은 정신질환 치료약으로 쓸 수 있다고 가르쳤다. 외과의사 아부 알 카심 알 자라위(Abu al-Qasim al-Zahrawi, 936~1013)는 아편을 수술할 때 마취약으로 애용했다. 아랍 세계에서 첫손가락으로 꼽는 의사였던 페르시아의 이븐 시나(Ibn Sina, 980~1037)도 아편의 마취 효과가 독말풀인 맨드레이크보다 더 뛰어나다고 기술했다. 그가 아편의 효과에 대해 쓴 논문은 1175년 라틴어로 번역되어 유럽에 전해졌는데, 17세기까지 많은 유럽 의사가 이 논문을 참고했다.

8세기 무렵 아편은, 바다 건너 중국 당나라에도 전파되었다. 이슬람 상인들이 중국 남부까지 진출하면서 전해진 것이다. 당시 중국인들은 아편을 고통을 멎게 하는 진통제로 쓰거나 약탕에 넣어 한약처럼 끓여 마셨다. 그런데 1620년 무렵, 신대륙에서 담배가 들어오자 아편은 다른 용도로 환골탈태했다. 담뱃대에 넣고 태워 연기를 빨아 마시게 된 것이다.

━━ 아편을 만병통치약으로 여긴 유럽인들

로마제국이 멸망한 이후 사라졌던 아편을 1527년 유럽에 다시 등장시킨 사람은 스위스 의사이자 연금술사인 파라켈수스Paracelsus였다. 그는 아편과 사프란, 비버향, 사향 등을 섞어서 로더넘laudanum이란 약물을 개발했는데, 이 알약을 먹으면 각종 고통이 멎고 기분이 황홀해졌다고 한다. 이런 이유로 유럽인들은 약 400년간 이 약을 만병통치약처럼 인식했고, 19세기까지 많은 약품에 기초 재료로 넣었다.

영국 '의학의 아버지' 토머스 시드넘(Thomas Sydenham, 1624~1689)은 아편이 설사를 멎게 하는 데 탁월한 효과가 있다며 높이 평가했다. 그러다 전쟁이 잦아지면서 아편은 부상병들 치료약으로 주로 쓰였다. 나폴레옹전쟁 당시 유럽 각국의 군의관들은 심한 부상으로 고통받던 병사들에게 진통제

로더넘을 개발한 파라켈수스.

로 아편을 처방했다. 1861
년에 벌어진 미국의 남북
전쟁에서는 환약 50만 개
와 아편 가루를 담은 280
만 자루가 쓰였다.

전쟁뿐 아니라 일상생활
에서도 아편은 깊이 뿌리
내렸다. 19세기 무렵 미국
에서는 생리통이 심한 여
성들에게 아편을 진통제로
처방했다. 사람들은 점점 아편 맛에 빠져들었고, 19세기 말
미국의 아편 중독자가 15만에서 20만 명에 이르렀다. 이 중
4분의 3이 여성이었다.

▬ 아편전쟁의 서막

지구 반대편인 중국에서도 서서히 아편 복용이 사회 문제
로 떠올랐다. 급기야 1729년 청나라 옹정제는 아편 판매와
복용을 금지하는 법령을 만들어 반포했다. 이를 어길 시 사
형과 유배 같은 중벌로 다스렸다.

이런 엄한 조치에도 아편은 계속 퍼졌다. 1816년부터 영국이 주도하는 아편 무역이 시작되면서 중국인들의 아편 복용은 더욱 심각한 상황에 놓인다. 1715년부터 중국과 무역을 시작한 영국은 처음에는 엄청난 중국 인구를 생각하며 자국상품이 많이 팔려 큰 이익을 얻으리라 기대했다. 그런데 반대로 무역적자만 나날이 커졌다. 그도 그럴 것이 영국의 주요 수출품은 모직물이었는데, 중국이 영국과 무역을 할 수 있도록 허용한 유일한 지역인 광저우는 후텁지근해 모직물이 전혀 팔리지 않았던 것이다. 반면, 영국인들은 중국의 차와 비단, 도자기를 너무 좋아해서 있는 대로 잔뜩 사들이고,

그 대가로 중국에 막대한 은을 지불했다. 1810년까지 중국이 영국과 무역하면서 무려 2600만 냥의 이익을 얻었으니 어느 정도였는지 짐작할 수 있을 것이다.

무역적자로 골머리를 앓던 영국 정부와 상인들은 마침내 해결책을 찾아냈다. 바로 아편 판매였다. 1757년 플라시 전투(벵골의 태수 군대와 인도의 영국 동인도회사군이 벌인 싸움) 이후 인도 땅을 차지한 영국은 그 광대한 땅에다 아편을 심어 싼값으로 중국에 팔아넘겼다.

19세기 이전까지 중국에서 아편은 지식인이나 고위 관료 같은 상류층이 주로 피웠다. 값이 워낙 비쌌기 때문이다. 그런데 영국이 싼값에 공급하면서 서민들까지 손대기 시작한 것이다. 영국은 1816년에 5106상자를 팔았고, 1824년 1만 2434상자, 1830년 2만 상자, 1838년에는 4만 상자까지 팔아 막대한 이득을 챙겼다. 아편이 많이 팔렸다는 말은 그만큼 중독자가 늘었다는 말도 된다. 1820년 중국 남부 도시 쑤저우 한 곳에서만 아편 중독자가 10만 명에 이르렀고, 1836년 중국에는 아편 중독자가 자그마치 1250만 명에 이르렀다.

아편 소비량에 비례해 무역적자도 불어났다. 1810년까지와는 정반대로 중국은 1828년에서 1836년까지 3800만 냥

아편에 중독된 18세기 중국인들.

의 적자를 보았다. 황제인 도광제를 비롯한 지배층들은 백성들이 정신을 잃고 아편에 탐닉하는 모습에 경악을 금치 못했다. 그대로 가다가는 온 백성이 아편에 중독되어 폐인이 될지도 모를 일이었다. 1836년에 어사 원옥린袁玉麟이 아편 무역을 그대로 방치했다가는 사회 질서가 무너지고 백성들이 살 수 없게 되며, 종국에는 국가 기강이 흔들려 나라가 망해 버린다고 경고했을 정도로 중국 조정은 아편을 심각한 문제로 받아들이고 있었다.

그런데 허내제許乃濟라는 관리는 좀 다른 측면에서 아편 문제를 보았다. 조정에서 엄격히 금지하는데도 아편이 계속 유통되는 까닭은 아편을 불법으로 금지했기 때문이라는 것이다. 이로 인해 아편이 암거래되고 그 과정에서 영국 상인과 중국 관리들 사이에 뇌물이 오가 관리들이 부패의 늪에 빠져들고 있으며, 많은 중국인이 중독되자 영국이 값을 점점 더 올려 더 이익을 보고 있다는 것이다. 차라리 아편을 합법화해 정식으로 관세를 매기면 값도 떨어지고, 그러다 보면 무역 수지가 안 맞아 영국이 아편 공급을 줄이거나 중단하지 않겠느냐는 논지였다.

그러나 도광제는 허내제의 주장을 받아들이지 않았다. 아편이 누구의 제재나 금지도 받지 않고 합법화된다면, 더 많은 사람이 아편에 중독될지 모른다는 우려 때문이었다. 결국 도광제는 아편을 강경하게 금지하는 방안을 채택했다. 1838년 12월 31일, 임칙서를 광저우 방면의 흠차대신(황제의 명을 받아 공무를 처리하는 대리인)으로 임명해 아편을 중국에서 완전히 뿌리 뽑으라고 명령했다.

황제의 조치는 매우 합당한 것이었다. 임칙서는 흠차대신으로 임명되기 전, 호남과 호북에서 아편을 금지시킨 전례가 있었다. 그는 개인적으로도 아편이라면 이를 갈았는데, 동생이 아편에 중독돼 죽었기 때문이다.

▬ 화를 부른 강경책

1839년 1월 25일 광저우에 도착한 임칙서는 곧바로 아편 처리에 들어갔다. 그는 아편을 공식적으로 수입해 판매하는 공행(公行, 서양인과 무역할 수 있도록 공식적인 허가를 받은 상인조합)과 영국 상인들에게 각각 편지를 보냈다.

공행 쪽에 보낸 편지에는 앞으로 영국을 비롯한 외국 상인들에게서 아편을 구입하지 말 것이며, 이를 어기면 사형에 처하고 재산을 몰수하겠다는 강경한 내용이 실려 있었다. 또한, 영국 상인들에게는 '사람을 해치는 나쁜 마약을 판매

하는 당신들은 범죄자'라고 맹렬히 비난하는 한편, 갖고 있
는 아편 상자를 모두 자신에게 내놓으라고 엄포를 놓았다.
임칙서의 기에 눌린 영국 상인들은 아편 상자를 순순히 내
어 주었고, 그렇게 모인 것이 1056상자였다.

하지만 임칙서는 불같이 화를 내며 영국 상인들을 사기꾼
이라고 몰아붙였다. 그들이 2만 상자가량 갖고 있었음을 알
고 있었기 때문이다. 그런데 고작 1000여 상자만 내놓았으
니 자신을 우롱한 것이라 여겼다. 급기야 임칙서는 군사
1000명을 이끌고 영국을 비롯한 외국 상인들이 머무르는 상
관을 포위했다. 그리고 이틀 동안 식량과 물의 공급을 차단
했다. 굶주림과 갈증에 시달리던 외국 상인들은 결국, 임칙
서 요구대로 2만 283상자를 모두 내놓았다. 임칙서는 바닷
가에 큰 구덩이를 파고 거기에 아편을 모두 부어 버렸다.

임칙서의 성과를 보고받은 조정은 흥분의 도가니였다. 앞
으로는 절대 교활한 영국 상인들이 파는 아편을 중국에 반
입하지 말자는 여론도 들끓었다. 이런 분위기에 편승해 직
례총독 증망안曾望顔은 영국과 계속 교역하는 한, 언제 그
런 일이 다시 불거질지 모르니 영국을 비롯한 모든 외국과
맺은 통상 관계를 끊자는 강경책을 내놓았다.

이쯤 되자 영국도 반발하기 시작했다. 중국과 교역이 중

단되면 이제까지 얻은 막대한 이득을 송두리째 잃고 만다. 더구나 중국의 차와 비단, 도자기 같은 인기 상품들도 수입할 수 없게 되니 안팎으로 큰 손해를 입게 되는 셈이었다.

1840년 2월 20일, 영국의 파머스턴 수상은 의회에서 중국 조정이 아편 무역을 금지한 조치는 국제적인 자유 무역을 어기고 영국 상인들의 재산을 빼앗는 야만적인 폭거라며 강렬한 어조로 성토했다. 또한 임칙서 군은 상관을 포위하고 영국 상인들을 구금한 일을 사죄해야 하며, 빼앗은 아편에 대한 배상도 해 줘야 한다고 요구했다. 중국의 해안 도시들을 전면 개방해 영국 상품들을 자유롭게 유통시켜야 한다는 주장도 했다.

야당인 토리당이 이에 맞섰다. 당 대표 글래드스턴은 "고귀한 대영제국이 부끄러운 아편 밀거래를 옹호하기 위해 전쟁을 한다면, 대영제국의 모든 국민은 영원히 수치스러워할 것입니다"며 전쟁을 반대했다. 그러나 파머스턴 수상은 "중국은 무력으로 우리 국민을 위협하고 감금했으며, 대영제국의 위신과 자존심을 크게 떨어뜨렸습니다. 우리는 마땅히 이를 응징해야 합니다"며 강경한 입장을 굽히지 않았다.

중국과 전쟁을 벌일지 말지를 놓고 영국 의회에서는 찬반 투표가 진행되었다. 그 결과, 전쟁을 하자는 쪽이 아홉 표 더 많았다. 의회는 중국과 전쟁을 하겠노라 선포했다. 그리고 원정군 총사령관으로 해군 소장인 조지 엘리엇을 임명했다.

■ 맥없이 무너진 청군

1840년 6월 21일, 인도와 스리랑카에 주둔해 있던 영국 군 4000명을 태운 28척 함대가 광저우를 향해 출정했다. 영국군은 광저우를 봉쇄하면서 저장성 방면으로 진격해 7월 5일에는 상하이 남쪽의 저우산 군도에 모습을 드러냈다.

이 소식을 접한 청나라 조정은 한 줌도 안 되는 서양 오랑캐들이라며 코웃음을 쳤다. 일격에 박살 내 천조天朝의 지엄함을 보이리라 으름장을 놓았다. 하지만 결과는 예상외였다.

저우산 군도의 군사 기지 정해진에는 청군 2000명이 주둔해 있었지만, 대부분 실전 경험이 없는 목수 같은 인부들이었다. 영국군이 9분 동안 포격을 퍼붓자 이들은 놀라 줄행랑을 친다. 영국군은 피 한 방울 흘리지 않고 정해진을 점령할 수 있었다.

이처럼 영국군은 큰 힘 들이지 않고 청을 점점 잠식해 갔다. 이듬해인 1841년 8월 10일에는 아모이厦門도 함락했다. 이때 영국군이 입은 피해라야 전사자 2명과 부상자 15명이

■ 광저우를 약탈하는 영국, 프랑스 연합군.

전부였다. 10월 13에는 저장성의 중심지인 항구 도시 닝보寧波가 영국군의 손에 떨어졌다.

영국군의 강력한 공세에 충격을 받은 청나라 조정은 1842년 3월 10일, 관군 4만 5000명과 민간인 의용병을 동원해 닝보를 탈환하려 했다. 하지만 청군 병사들은 영국군이 설치해 놓은 지뢰 구역으로 돌진해 갔다가 큰 피해를 입었고, 곧이어 시작된 영국군의 집중 사격과 포격에 끔찍하게 죽임을 당했다. 같은 시각, 저우산 군도를 되찾기 위해 투입된 청의 수군들 상황은 더욱 비참했다. 수군 지휘관은 혹시 영국 함대와 만나서 전멸당하지나 않을까 하는 공포에 사로잡힌 나머지 20일 동안이나 해안가에서 함대를 이리저리 움직이면서 싸우는 것처럼 가장했을 정도다. 그러고는 한 번도 만나지 못한 영국군과 싸워서 모두 이겼노라며 황제에게 거짓 보고서를 보냈다.

영국군은 계속 연전연승했다. 5월 18일에는 닝보 북쪽의 자푸乍浦를, 6월 19일에는 상하이까지 장악했다. 7월 20일에는 양쯔강에 있는, 청나라 정규군 팔기군의 요새인 진강鎭江도 손에 넣었다.

이렇게 되자 강남에서 화베이로 물자와 식량을 나르는 대운하도 영국군에게 넘어갔고, 강남의 중심지인 대도시 난징도 영국군의 위협에 노출되고 말았다.

참패를 거듭하자 도광제는 힘으로 영국군을 이길 수 없다는 판단에 결국, 영국과 협상한다. 1842년 8월 29일, 난징이 보이는 양쯔강에 정박한 영국 전함 콘 월리스Corn Wallis호에서 영국 대표인 포팅거와 중국 대표인 기영은 휴전 조약에 서명했다. 이 난징조약으로 청나라는 영국에 홍콩을 할양하고, 광저우·아모이·푸저우福州·닝보·상하이 5개 도시를 개방하는 한편, 배상금 2100만 달러(전쟁 비용 1200만 달러, 영국 상인들에게서 빼앗아 버린 아편에 대한 손해배상금 600만 달러, 영국 상인들에게 중국 공행들이 진 부채 300만 달러를 합한 금액)를 물기로 한다.

이 굴욕적인 조약으로 중국은 더는 아편을 단속할 수 없었고, 아편은 아무 제약 없이 불티나게 팔려 나갔다. 미국의 중국사 전문가인 조나단 스펜스Jonathan Spence에 따르면, 1880년 무렵 중국 전체 인구 중 약 10퍼센트가 아편을 흡입했다고 한다. 당시 중국 인구가 대략 4억이었으니, 무려 4000만 명이 아편 중독자였던 셈이다. 심지어 1900년 7월 '의화단의 난'이 일어났을 때 이를 진압하러 가던 팔기군 병사들이 행군 중에도 아편을 피울 정도로 아편 중독은 심각한 사회 문제였다.

1930년대, 제국주의 일본은 중국을 침략해 내몽골을 합병하고 '몽골연합 자치정부'를 세웠다. 그리고 중국인들에게 아편을 판매해 수많은 중국인을 아편 중독자로 만들었으며 그 과정에서 막대한 이득을 취했다.

━━ 아편 팔아 군자금 마련한 중국 공산당

중국인들의 아편 중독을 부추긴 것이 외세뿐만은 아니었다. 중국 공산당은 국민당과 내전을 치르는 동안, 재배한 아편을 중국 농민들에게 팔아서 군자금을 마련했다. 1942년부터 옌안延安에 근거지를 둔 중국 공산당은 양귀비 종자를 외국에서 대량 수입해 대대적으로 재배했다. 1942년 말엽에는 재배 면적이 12만 1410제곱미터에 이르렀을 정도다.

공산당 최고 지도자였던 마오쩌둥은 아편 생산과 판매를 "혁명적인 아편전쟁"이라며 자랑스러워했다. 하지만 인민을 위해 싸운다는 공산당이 인민의 건강을 해치는 아편을 판다는 사실이 널리 알려지면 이미지가 훼손될까 봐, 양귀비 밭 주변에 사탕수수를 심어 사탕수수 밭으로 위장했다.

1943년까지 공산당은 아편 4만 4760킬로그램을 팔아 24억 법폐(法幣, 국민당이 지배하던 지역에서 사용된 화폐)를 모았다. 요즘 가치로 환산하면 6억 4000만 달러에 이른다. 아편을 팔아 막대한 군자금을 챙긴 공산당은 마침내 국민당을 축출하고 중국을 지배하게 된다. 그리고 중국 본토를 장악한 1949년 이후에는 아편을 비롯한 모든 마약류를 불법으로 규정해 엄격히 금지했다. 만약 이를 어기고 마약을 팔 경우 사형하고, 마약을 산 사람도 구속이나 재산 몰수 등의 중징계에 처했다.

2009년 12월 29일과 2010년 4월 6일, 중국에 마약을 몰래 들여와 팔다가 적발된 영국인과 일본인이 두 나라 정부의 탄원에도 끝내 사형당한 일이 있었다. 이 정도로 현재까지도 중국 정부의 마약 단속 의지는 확고하다. 공산당 초창기 시절을 떠올리면 어쩐지 이율배반적으로 보이지만 말이다.

중국에서 '아편'이라는 약물의 의미는 남다르다. 이 약물 하나로 인해 약 100년간 영국을 비롯한 서구 열강에 침탈당하며 후진국으로 전락했기 때문이다. 반대로 영국은 중국에서 강탈한 이권을 바탕으로 세계를 지배하는 제국으로 군림했다.

2부 한 방의 총이
역사를 바꾸다

철기를 만든 대제국, 히타이트

원자폭탄이나 레일 건 등 현대의 최첨단 무기와 위상이 같은 고대의
강철은 강력한 히타이트의 위세를 상징하는 도구였다. 카데시 전투에서
람세스를 혼내 준 히타이트 왕 무와탈리스의 동생인 하투실리스 3세는
람세스에게 히타이트의 강철 단검을 보내면서 "그대의 나라는 이런
무기를 만들 수 있는가?"라고 조롱하기까지 했다.

몇 년 전, 기원전 13세기 이집트를 67년 동안 다스렸던 파라오 람세스를 주인공으로 삼은 역사소설 《람세스》 (전 5권)가 큰 인기를 끌었다. 이 소설의 절정은 3권인데, 이집트와 히타이트 사이에서 벌어진, 고대 서아시아 역사상 최대의 격전으로 꼽히는 카데시 전투가 등장하기 때문이다.

철공소.

  소설에서는 카데시 전투에서 람세스의 신성한 힘으로 이집트군이 대승한 것으로 묘사되지만, 실제 역사는 좀 다르다. 카데시 전투에서 이집트는 라와 아몬 사단이 초전에 히타이트의 기습을 당해 붕괴되고, 람세스 자신도 매우 위태로운 상황에 놓였다가 가나안 출신 용병 부대의 필사적인 방어로 간신히 위기를 모면했다는 것이 정설이다. 카데시 전투가 끝난 이후에도 카데시를 비롯한 시리아 지역은 여전히 히타이트가 지배하고 있었다.

철기 제조 기술을 발명한 히타이트

  《람세스》에서 히타이트인들은 거칠고 난폭한 집단으로 그려지고 있으나, 히타이트는 같은 시대의 이집트보다 금속 기술이 훨씬 발달한, 문명화된 나라였다. 한 예로, 카데시 전투에서 이집트군이 여전히 구리로 만든 청동제 무기를 지니고 있었던 반면, 히타이트군은 그보다 훨씬 견고한 철제 무기를 사용했다.

기원전 14세기경, 히타이트인들은 고온에 철광석을 녹여 좋은 품질의 철을 만드는 방법을 알아냈다. 부드러워 쉽게 휘어 버리는 연철이 아닌, 고품질의 강철을 얻으려면 약 1000도 이상의 고온이 필요하다. 히타이트인들 이전에도 철제 도구는 있었지만, 모두 연철이나 우주에서 떨어진 운석에 포함된 철로 만든 것들이었다.

히타이트인들이 고온의 용광로에서 철광석의 불순물을 분리하여 순수한 강철을 만드는 데 성공하자, 중동의 세력 판도는 바뀌었다. 우수한 철제 무기의 힘으로 히타이트는 초대 왕인 하투실리스 1세(기원전 1650~1620)에서 멸망하는 기원전 1193년까지 약 500년간 이집트와 어깨를 나란히 하며, 서아시아를 지배하는 강대국으로 군림할 수 있었다.

원자폭탄이나 레일 건(마하 7의 초고속으로 발사되는 미사일) 등 현대의 최첨단 무기와 위상이 같은 고대의 강철은 강력한 히타이트의 위세를 상징하는 도구였다. 카데시 전투에서 람세스를 혼내 준 히타이트 왕 무와탈리스의 동생인 하투실리스 3세는 람세스에게 히타이트의 강철 단검을 보내면서 "그대의 나라는 이런 무기를 만들 수 있는가?" 라고 조롱하기까지 했다.

히타이트인들은 강철 제조 기술을 철저히 비밀에 부쳐, 외부로 반출되지 않도록 엄격히 단속했다. 그 덕분에 이집트를 비롯한 주변국들은 끝내 이 기술을 손에 넣지 못하고, 청동제 무기로 만족해야만 했다.

▬ 철기 문화를 퍼뜨린 해양민

하지만 기원전 1200년 무렵, 동부 지중해와 서아시아 일대에 뜻하지 않은 사건이 발생해 히타이트의 철기 제조 기술은 외부로 유출되고 만다. 지금의 크레타와 그리스 남부에서 엄청난 수의 이주민이 배를 타고 소아시아(터키)와 팔레스타인, 이집트, 리비아 등 서아시아 일대로 이주해 온 것이다.

역사학자들이 '해양민Sea People' 이라 부르는 이 이주민들은 왜 이런 결단을 내리게 된 것일까? 아직도 정확한 이유는 모르지만, 가장 유력한 견해는 당시 그리스 북부에 백

■ 람세스 3세 무덤 벽화에 새겨진 해양민 군사들 모습.

인계 유목민인 아리안족(도리안)이 쳐들어오면서 삶의 터전
이 위협받아 이주했으리라는 것이다.

해양민들의 등장은 순식간에 중동의 세력 구도를 바꾸어
버린다. 수백 년 동안 이집트와 함께 서아시아를 주물러 온
강대국 히타이트가, 메뚜기 떼처럼 몰려온 해양민들 손에
함락당해 멸망한 것이다.

해양민들은 내친 김에 이집트까지 쳐들어간다. 그러나 기
원전 1174년경, 이집트의 굳건한 방어벽에 부딪혀 대패하고
만다. 이집트 정복에 실패하자 해양민들은 방향을 돌려 팔

레스타인을 점령했다.

한낱 난민 집단에 불과한 해양민들이 어떻게 당대 최강대국인 히타이트를 쓰러뜨리고 이집트에 도전했을까? 우수한 철제 무기를 갖고 있었기 때문이다. 해양민들이 어떻게 철제 무기 제조법을 손에 넣었는지는 알 수 없다. 히타이트를 점령한 다음, 히타이트인들을 위협해 알아낸 게 아닐까 싶다. 그리고 주변 곳곳으로 그 기술을 전파했을 것으로 보인다.

이집트 정복에 실패하고 팔레스타인으로 방향을 돌린 해양민들은 우수한 철제 무기의 힘으로 이미 그곳에 먼저 와서 정착해 있던 이스라엘 민족을 지배한다.

이스라엘 등 주변 민족들은 팔레스타인을 새로운 고향으로 삼은 해양민들을 블레셋이라고 불렀다. 이들이 바로《구약성경》에서 이스라엘 민족을 지겹게 괴롭히던 집단이다. 그리고 팔레스타인이란 이름도 블레셋인들이 산다고 해서 붙인 지명이다.

이스라엘 백성들이 가장 존경했고, 예수 그리스도의 조상으로 여겼을 정도로 위대한 영웅인 다윗 왕이 나타나기 전까지 이스라엘인들은 사실상 블레셋인들에게 지배당하는 상황이었다. 블레셋인들과 싸울 때마다 번번이 패하기 일쑤였고, 《구약성경》에도 대서특필된 기원전 1050년경의 아벡 전투에서 하느님의 계약을 새겨 보관한 법궤를 빼앗기고, 그것을 지키던 대제사장 엘리의 두 아들마저 전사당할 정도로 참패한다. 원인은 무기에 있었다. 우수한 철제 무기와 갑옷으로 무장한 블레셋인들을 이스라엘인들은 청동제 장비로 당해 낼 수 없었던 것이다.

《구약성경》의 〈사무엘상〉 13장 19절(그 당시에는 이스라엘 땅에 철공이 하나도 없었다. 블레셋 사람들은 히브리 사람들이 칼이나 창을 만들어 가지는 것을 두렵게 여겨 히브리 사람들에게는 그런 것을 만들지 못하게 했기 때문이었다)을 보면 알 수 있듯이, 당시 이스라엘에는 철을 다룰 줄 아는 대장장이가 없었고, 블레셋인들이 이스라엘인들에게 칼과 창 같은 무기들을 만들지 못하도록 금지했다고 한다. 그래서 이스라엘인들은 철제 보습이나 곡괭이 같은 농기구가 필요하면 블레셋인들에게 돈을 주고 빌려야 했다.

이스라엘의 사울 왕이 처음 블레셋인들과 전쟁을 벌였을 때, 이스라엘 군인들 중에서 철로 된 칼과 창을 가진 자는 사울 왕과 그의 아들인 요나단밖에 없었을 정도로 이스라엘인들은 철제 도구가 부족했다. 하지만 바보가 아닌 이상, 이스라엘인들이라고 언제까지 당하고만 있을 수는 없었다. 예언자 사무엘의 추대를 받아 즉위한 이스라엘의 초대 왕 사

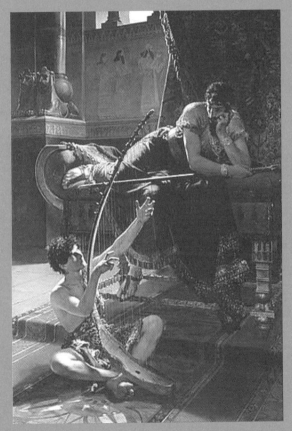

■ 〈다윗과 사울〉, 1885년 율리우스 크론베리 그림.

울은 용감한 젊은이들로 저항군을 조직해 블레셋 진지를 기습했다. 그 과정에서 철제 무기도 빼앗아 왔다.

사울의 뒤를 이은 다윗은, 왕이 되기 전 한때 사울의 노여움을 사서 적국인 블레셋으로 망명한 적이 있다. 이 시기에 블레셋 사람들을 포섭해 철제 무기 제조 기술과 사용법을 전수받았다. 《구약성경》에 보면 다윗은 헷족 출신인 우리야를 부하로 거느렸다. 여기서 헷족이란 히타이트를 말하므로, 우리야는 철제 무기에 관한 지식이 많았을 것이다. 그 지식이 다윗 왕에게 도움이 되지 않았을까?

철제 무기를 갖춘 이스라엘군은 뛰어난 지도자인 다윗의 지휘 아래 블레셋인들과 싸워 크게 이겼다. 다윗의 아들이자 이스라엘의 가장 위대한 왕으로 불린 솔로몬의 시대에 블레셋인들은 큰 타격을 입는다. 기원전 2세기 마카베오 왕조 무렵에는 이스라엘에 정복당하고 흡수되어 역사 속으로 사라진다.

— 왕위를 보장한 철의 힘

히타이트의 유산인 철기 문화는 블레셋인들 말고 다른 집단에게도 전해졌는데, 오늘날 코카서스 산맥 북쪽에 살고 있던 유목민 키메르족이 그 혜택을 얻었다. 키메르족은 헤로도토스가 쓴 페르시아전쟁사인 《역사》에도 이름이 등장할 만큼 유래가 오래된 민족이다. 이들은 히타이트 왕국이 해양민들에게 멸망당하자, 히타이트 왕국의 영토인 동부 아나톨리아 반도(터키)를 공격해 한동안 그곳을 근거지로 삼았다. 그 과정에서 히타이트의 잔여 세력들에게서 철기 제조법을 손에 넣었을 것으로 보인다.

기원전 8세기경으로 접어들면서 키메르족은 중앙아시아에서 몰려온 스키타이족에게 격파되어 멀리 서쪽으로 달아났다. 그들이 선택한 새로운 이주지는 유럽이었다. 키메르족들은 남러시아의 우크라이나와 헝가리, 스위스, 프랑스와 벨기에 등 동서 유럽 깊숙이 밀고 들어가면서 토착민들을 정복하고 철기 문화를 전파했다.

유럽의 역사가들은 키메르족들이 훗날 유럽의 선사 민족인 켈트족과 게르만족, 슬라브족의 선조가 되었으리라 추측한다. 켈트족들은 철을 무척 소중히 여겨, 소금과 철의 보유량을 부의 기준으로 삼았을 정도였다.

키메르족을 몰아낸 스키타이족은 그들에게서 입수한 철기 문화를 자신들이 이주해 온 동방과 교역을 하면서 전해 주었다. 오늘날 동양의 고고학자들은 고대 중국과 한국에 철기 문화를 가져다준 장본인이 스키타이족이며, 한국의 단군 신화에 등장하는 환웅을 비롯한 천신족도 뛰어난 철기 제조 기술을 가지고 있던 유목민 이민자 집단이라고 추측한다.

한반도에서는 가야의 전신인 변한 시절에 철기 제조 기술이 부각되었다. 변한의 경우, 흉노와 선비 같은 북방 유목민들에게서 철기 문화를 전해 받았을 것으로 보인다. 이들은 또한 스키타이족에게서 철기 문화를 전해 받았을 것이다. 《삼국사기》 등의 사서에 따르면, 가야의 시조 김수로는 용성 출신인데, 용성은 옛 흉노의 도읍지였다. 김수로는 철을 다루는 데 뛰어난 대장장이이기도 했다.

고대 세계에서 철은 한 나라의 국운과 왕위까지 차지할 수 있을 정도로 막강한 것이었다. 하지만 철기가 청동기를 완전히 밀어내고 보편화되기까지는 상당한 시간이 걸렸다. 페르시아전쟁을 치르던 기원전 5세기에도 그리스에서는 여전히 청동으로 창과 방패를 만들었다. 전국 7웅을 통일한 진나라에서도 사정은 마찬가지였다. 심지어 기원후 3세기, 조조가 이끄는 위나라 군대도 청동제 화살과 쇠뇌를 사용할 정도였다. 서양에서는 로마제국 시대부터, 동양에서는 5호 16국 시대부터 철기가 보편화되었다. 한반도에서는 삼국 시대부터 널리 쓰였다.

기병대를 전장의 주인공으로 만든 등자

오스만군대는 공성전, 야전에서 참패하자 사기가 땅에 떨어졌다.
결국, 동맹군 기병대에 몰려 남쪽과 동쪽으로 패주하고 말았다.
마침내 동맹군은 빈을 지켜 낼 수 있었다. 전쟁이 끝난 후 얀3세는
로마의 카이사르가 남긴 유명한 말을 빌려 다음과 같이 기쁨을
표현했다. "왔노라, 보았노라, 하느님께서 이기셨노라!"

등자.

번쩍이는 투구를 쓰고 갑옷을 입은 기사들이 넓은 초원을 질주하는 영화 장면은 늘 가슴을 시원하게 한다. 기사들은 등자로 말의 옆구리를 치면서 속력을 낸다. 단순한 발걸이로 보일지 모르지만 등자는 세계 전쟁사에서 아주 중요한 역할을 했다.

누가 언제, 어디서 동자를 만들었는지는 알 수 없다. 가장 오래된 등자에 관한 기록은 기원전 1세기경 인도에서 발견된 조각상에 그려진 것인데, 이것이 정말 등자였는지 아니면 그냥 말에 사람을 오르게 해 주는 장치였는지는 확실하지 않다.

등자를 만든 이는 과연 어떤 사람이었을까? 말을 타고 다니던 유목민이었을까 아니면 농사를 짓고 살던 정착민이었을까? 누가 등자를 만들었느냐에 관해서는 연구자들마다 의견이 분분하다. 그중 유력한 견해는 말 타는 데 익숙하지 못한 정착민들이 말에 오를 때 균형을 잡으려고 만들었으리라는 주장이다. 정착민들이 등자 쓰는 것을 보고 유목민들도 그 편리함에 반해 쓰게 되었고 말이다.

▬ 보조 역할을 하던 기병대

고대 그리스 기병들은 중세 기사들처럼 적진으로 돌격하지 않고, 정찰할 때나 패잔병을 추격할 때 싸우는 정도였다. 적을 공격하려고 섣불리 몸을 기울였다가 균형을 잃어 말에서 떨어질 우려가 크기 때문이다. 이로 인해 그리스의 주력 부대는 갑옷과 투구, 방패로 중무장한 보병이었다.

그리스보다 기마술이 뛰어난 아케메네스 왕조의 기병들은 비늘갑옷으로 무장하고 말에도 갑옷을 입혔지만, 주로 먼 거리에서 창을 던지거나 화살을 쏘면서 싸웠다. 등자가 없어 적과 직접 육박전을 벌이기는 불편했던 것이다.

마케도니아의 알렉산드로스 대왕이 거느린 헤타이로이 Hetairoi 기병대는 좀 특이한 경우였다. 이들은 그리스나 페르시아 기병들과 달리, 약 3.5미터에 이르는 긴 창인 크시스톤을 들고서 과감히 돌격해 적들을 격파한 것으로 유명하다. 하지만 이들은 적을 찌르고 나서 창을 바로 손에서 놓았는데, 그렇게 하지 않으면 적을 찌를 때의 충격과 반동을 몸이 이기지 못해 말에서 떨어질 수 있기 때문이다. 그러다 보니 정면에서 돌격하는 일은 가급적 피하고, 적의 배후나 측면을 공격하는 역할을 주로 맡았다.

■ 〈이수스 전투〉, 1529년 알브레히트 알트도르퍼 그림.

물론 등자가 없다고 해서 기병들의 돌격 자체가 아예 불가능한 것은 아니었다. 아케메네스 왕조가 멸망한 후 200년쯤 지나, 북방에서 이란으로 이주한 스키타이계의 다하족이 세운 파르티아 왕국(기원전 247~기원후 226)에는 카타프락트Cataphract라는 철기병이 있었는데, 갑옷으로 무장한 이 기병대는 5미터나 되는 창을 쥐고 돌격했다.

카타프락트의 전투 방식은 이전 기병들과 달랐는데, 창을 한 손이 아닌 양손으로 잡고 과감하게 돌격했다는 것이다. 그 결과, 한 손으로만 창을 잡았던 헤타이로이 기병보다 훨씬 더 크게 적에게 충격을 줄 수 있었다. 더욱이 파르티아인들은 기마술이 뛰어난 유목민 출신이라서, 등자가 없어도 양 무릎으로 말의 배를 꽉 조이면서 말을 자유자재로 다룰 수 있었다.

파르티아는 500년 동안 존속하면서 초기에는 알렉산드로스 대왕의 부하 장수인 셀레우코스가 세운 셀레우코스제국과 싸웠고, 말기에는 로마제국과 중동의 패권을 놓고 치열한 접전을 벌였다. 파르티아가 카르타고나 그리스, 이집트처럼 로마에 끝내 정복당하지 않고 대등한 위치에서 맞설 수 있었던 원동력은 카타프락트로 대표되는 막강한 군사력에 있었다.

기원후 226년, 파르티아는 이란 남부에서 일어난 신흥 세력, 사산조 페르시아에 멸망당한다. 아르다시르가 세운 사산조 페르시아는 파르티아처럼 카타프락트를 주력 부대로 삼았는데, 260년에는 에데사 전투에서 로마 황제 발레리아누스를 생포하는 대승을 거둘 정도로 로마를 크게 위협했다. 이 때문에 사산조 페르시아의 기병대를 로마인들도 두려워했는데, 4세기 로마 역사가 암미아누스 마르켈리누스가 "그들의 무시무시한 돌격은 로마군 병사 두 명을 한꺼번에 꿰뚫어 버린다"고 기록할 정도였다.

그러나 카타프락트에도 약점은 있었다. 우선, 말에 탄 상태에서 양손으로 창을 쥐고 돌격하는 자세는 인체 구조상 불편해 여러 번 하기가 어렵다. 돌격 중에는 말의 고삐도 잡을

수 없고 오직 두 발로만 말을 움직여야 한다. 아무리 기마술에 능숙한 유목민이라도 무리가 따르는 자세며, 적이 기병을 말에서 끌어내리거나 말의 다리 부분을 공격하면 속수무책으로 당할 위험도 컸다.

■ 말을 타고 사냥하는 사산조 페르시아 황제, 호스로 2세의 모습.

그래서 파르티아와 페르시아 장군들은 카타프락트를 바로 적진으로 돌격시키지 않고, 일단 먼저 궁기병들이 활을 쏘게 했다. 화살로 인해 적의 진열이 흐트러지면, 그때 카타프락트 부대를 투입하는 전술을 썼다.

━━ 동양에서 먼저 발명

동양에서는 서양보다 더 빨리 등자가 발명되었다. 중국 대륙이 5호 16국의 대혼란에 휩싸여 있던 기원후 332년 등자가 출현했는데, 등자는 당시 유행한 중무장 기병들의 돌격 전술과 맞물려 급속도로 확산되었다. 우리가 잘 아는 '고구려 철기병'들의 전성기도 이 무렵이라고 할 수 있겠다.

5호 중 선비족이 세운 북위와 이를 계승한 북주와 북제, 수나라는 계속 중장기병을 군의 주력으로 삼았다. 수양제가 고구려를 침략할 당시, 수나라 군대에는 중장기병 약 10만 명이 포함되어 있었다.

당시 전쟁에서는 말을 타고 4~6미터짜리 긴 창인 삭朔을 쥐고 돌격하는 전술이 중요시되었다. 특히, 전쟁터에서 삭을 놓쳤을 때, 적이 가진 삭을 빼앗아 사용하는 무예인 공수탈삭空手脫朔은 당나라 때까지 장수들이 반드시 익혀야 할 기술로 여겼다. 수나라 장수 단웅신과 당나라 위지경덕은 공수탈삭과 삭을 이용한 돌격 전술의 달인이었다. 그러나 동양의 기병들은 삭의 중간 부분을 잡았기 때문에 긴 창의 끝을 쥐고서 돌격한 유럽의 기사들보다는 적들에게 덜 파괴적이었다.

서구보다 일찍 등자가 도입되어서인지, 동양에서는 중장 기병들이 활약하는 전성기가 서양보다 먼저 끝난다. 송 (960~1279)과 원(1271~1368)을 거치면서 진천뢰나 화총, 대포 같은 화약 무기가 널리 쓰여 무겁게 갑옷을 입은 중장 기병들이 점차 설자리를 잃었던 것이다. 명(1368~1644)에 이르러서는 말에 갑옷도 씌우지 않고 기동성을 살린 경무장 기병대를 육성해 싸우게 된다.

━ 등자를 활용한 십자군전쟁

서구에 등자가 도입된 시기는 확실하지 않다. 최소한 기원후 7세기에서 10세기 이전까지는 등자가 없었던 것으로 보인다. 4세기 말 고트족이나 훈족, 7세기 아바르족들이 등자를 썼다는 주장이 있으나 근거는 아직 없다. 등자 사용을 확실히 보여 준 것은 바이외태피스트리Bayeux tapestry이다.

■ 중세 기사들이 등자를 사용했음을 증명한 바이외태피스트리(일부).

이 직물 벽걸이에는 1066년 바이킹 후예인 노르만 기사들이 영국군과 싸운 헤이스팅스 전투가 묘사돼 있는데, 노르만 기사들이 등자에 발을 걸친 모습이 보인다.

서양에서 등자와 긴 창을 이용해 적진을 향해 돌격하는 전술을 본격적으로 편 것은 십자군전쟁 때다. 예루살렘을 탈환하기 위한 1차 십자군전쟁이 한창이던 1097년, 지금의 터키에 있는 도리래움Dorylaeum에서 보에몽과 레몽이 이끌던 십자군은 이슬람을 믿던 셀주크 투르크 군대를 격파했는데, 이때 크게 기여한 것이 기마대였다. 기마대의 기세는 여기서 멈추지 않았다. 예루살렘을 함락한 직후인 1099년 8월 11일, 십자군은 아스칼론에서 이집트군 약 1만 명을 궤멸하였고, 보에몽과 함께 1차 십자군의 주역인 레몽은 트리폴리 전투에서 병사 200명을 이끌고 이슬람교도 제후 연합군 7000명을 물리쳤다. 1177년 몽기사르 전투에서는 더욱 놀라운 일이 벌어졌는데, 성당 기사단이 주축이 된 십자군 500명이 이슬람의 영웅 살라딘이 이끌던 이집트군 2만 6000명을 완벽하게 섬멸했던 것이다. 이렇게 강력한 기사단을 거느린 십자군은 예루살렘을 점령하고 나서 약 200년 동안 중동에서 건재할 수 있었다.

이처럼 소수의 기사가 다수의 보병을 격파할 수 있었던 비결은 등자를 사용하면서 새로운 전투 방식인 일명 '카우치드 랜스Couched Lance'를 쓸 수 있었기 때문이다. 카우치드 랜스란 왼손으로는 말고삐를 잡고, 오른손으로는 긴 창인 랜스(기병용 긴 창)를 쥐고서 적진을 향해 전속력으로 돌진하는 전술을 뜻한다. 이때 창은 그냥 드는 게 아니라 오른쪽 옆구리에 낀 채로 쥔다. 이 전술은 양손으로 창을 쥐고 돌격하는 페르시아 기병들보다 적에게 더 파괴적이었다. 또한, 등자에 두 발을 걸침으로써 말 위에서 더 잘 균형을 잡을 수 있었기 때문에, 돌격이 끝나고 나서 벌어지는 마상 백병전에서도 보병들과 계속 싸울 수 있었다.

16세기 무렵에는 기병들이 더 빨리 돌격할 수 있도록 '랜스 레스트lance rest'라는 도구까지 등장했는데, 이것은 랜스를 고정하는 용도로 쓰였다. 17세기 서유럽에서는 보병용 긴 창인 파이크를 든 병사들이 밀집해 진을 이루고, 화승총과 소총 같은 총기가 등장하면서 점차 기병들이 돌격할 일이 줄어들었지만, 동유럽에서는 오히려 기병들의 돌격전이 더욱 증가하는 현상을 보였다. 동유럽은 서유럽에 비해 사회 발전 속도가 느려 봉건 영주들의 권력이 여전히 강했다. 이 때문에 보병보다는 귀족들로 구성된 기병들이 군대의 요직을 차지했으며, 기병을 주력으로 삼았던 몽골(타타르)이나 터키(투르크) 같은 동방의 이민족들과 자주 싸우다 보니 기병의 돌격전이 더 중요시되었던 것이다.

동유럽에서 뛰어난 기병으로 명성을 떨친 나라는 폴란드였다. 1576년, 폴란드 귀족들이 추대해 왕이 된, 헝가리 왕자 스테판 바토리Stefan Batory는 헝가리의 군사 제도를 본따, 폴란드 경무장 기병대인 후사르를 더 긴 랜스로 무장하도록 하는 등 이전보다 더 중무장시켰다.

후사르는 등에 독수리 날개를 달았다고 해서 윙드 후사르

■■ 16세기 초 파이크 부대.

Winged hussar라고도 한다. 이 부대원들은 판금 갑옷plate armor를 입고, 5.5미터나 되는 랜스로 무장했다. 랜스는 당시 보병들이 가지고 있던 창보다 더 길어 싸우는 데 유리했다. 한 번 돌격했는데도 적의 전열이 붕괴되지 않으면 곧바로 후퇴해 다시 모이고, 그 사이 창이 부러진 병사들은 미리 준비해 둔 창을 받아 적을 향해 다시 돌격할 수 있었다. 마침내 전열이 흐트러지면, 이번에는 허리에 찬 기병도인 세이버saber를 꺼내 휘둘렀다. 권총이나 기병용 총을 소지하기도 했지만, 명중률이 낮아 자주 쓰지는 않았다.

윙드 후사르는 곧바로 무서운 위력을 발휘하며 연승행진

의 금자탑을 쌓아 나갔다. 특히, 1605년 9월 27일 키르홀름 Kircholm에서 윙드 후사르가 주축이 된 폴란드군 3600명은 약 4배나 많은 스웨덴군 1만 3500명에 맞서 압도적인 승리를 거두었다. 스웨덴군은 5000명이 전사한 데 반해 폴란드군은 전사자와 부상자를 합해야 고작 300여 명에 불과했다. 당시 스웨덴군은 파이크와 머스킷 소총으로 무장한 서유럽식 선진 군대였으나, 4미터인 스웨덴군의 파이크보다 훨씬 긴 5.5미터에 이르는 긴 창으로 무장한 윙드 후사르의 저돌적인 돌격에 맥없이 무너져 버린 것이다.

1610년 크루시노 전투에서도 윙드 후사르가 주축이 된 폴란드군 6800명은 자신들보다 5배나 많은 러시아군 3만 5000명과 싸웠다. 이 전투에서 러시아군은 무려 5000명이나 전사했지만, 폴란드군의 전사자는 고작 400명에 불과했다. 승리한 폴란드군은 러시아의 수도 모스크바를 점령해 드미트리 2세를 허수아비 차르로 앉혀 놓고 약 2년간 모스크바를 수중에 넣고 지배했다.

윙드 후사르의 명성을 가장 크게 떨친 전투는 1621년 호침Chocim 전투와 1683년 제2차 빈 공방전이었다. 1618년부터 전 유럽이 휘말린 30년전쟁을 틈타 오스만제국의 술탄 오스만 2세는 약 10만 대군과, 속국인 크림한국과 몰다비아, 왈라키아에서 지원받은 군사들을 이끌고 중부 유럽 원정에 나섰다. 폴란드군은 백전노장 얀 카롤 호드키에비치의 지휘 아래, 우크라이나의 무장 집단인 코사크와 연합해 약 6만의 군사와 대포 50문을 갖추고 몰다비아의 드네스트르 강을 등진 호침 성채를 중심으로 방어전에 임했다.

10만에 달하는 오스만 대군은 폴란드와 코사크 연합군이 쳐 놓은 진지를 뚫으려고 애썼으나 결국 실패하고 큰 희생만 치르게 된다. 윙드 후사르는 이 전쟁에서도 오스만제국의 최정예 기병대인 시파히sipahi와 접전을 벌여 압승했는데 적인 오스만제국조차 그 실력을 칭송할 정도였다.

결국 오스만 2세는 폴란드와 휴전 협상을 맺고 본국으로 철수해야 했다. 이 호침 전투에서 오스만군의 사상자는 4만 2000명에 달했지만, 폴란드와 코사크 연합군은 그 3분의 1인 1만 4500명에 그쳤다.

▬ 기병대 최전성기 '빈 공방전'

그러나 오스만제국은 유럽 정복의 꿈을 포기하지 않았다. 이번에는 오스트리아 수도인 빈을 노렸다. 1682년 1월 21일 술탄 메메드 4세는 카라 무스타파 파샤Kara Mustafa

17세기 유럽을 공포에 떨게 했던 폴란드의 윙드 후사르 기병대.

Pasha를 원정군의 총사령관으로 임명했으며, 대포 300문을 갖춘 군사 15만이 빈을 향해 진격했다.

곧 이 소식은 유럽 각국으로 퍼졌고, 로마 교황 인노첸시오 11세는 오스만을 막으려고 각 나라 왕실에 이슬람에 맞선 기독교의 '신성 동맹'을 제안했다. 오스만의 1차 침략 목표가 된 신성로마제국과 폴란드, 오스트리아는 이에 동의했으며, 동맹군 총사령관으로 폴란드 왕이자 백전명장인 얀 3세를 추대했다.

마침내 7월 14일, 오스만 대군이 빈의 성문에 이르렀다. 수비군과 시민들은 필사적으로 맞섰지만, 그 많은 대군을 당해 내기에는 역부족이었다. 전쟁이 계속되면서 식량과 물도 바닥이 났다. 하지만 하늘은 빈의 편이었다. 이들을 돕기 위해 유럽 각지에서 몰려온 동맹군 8만 4000명이 빈으로 향하고 있었기 때문이다.

9월 11일 밤, 먼저 폴란드군이 카르파티아 산맥을 넘어 빈의 외곽 서쪽에 도착했다. 비슷한 시각에 다른 동맹군들도 카렌베르크Kahlenberg 언덕에 도착했다. 빈 수비군들이 기진맥진해 있을 무렵, 9월 12일 새벽 동맹군들은 도착을 알리는 신호인 화롯불을 피워 올렸다. 얀 3세와 다른 귀족들은 전투에 앞서 언덕에 모여 승리를 기원하는 예배를 올렸다.

이날 새벽 4시, 오스만군이 먼저 동맹군을 공격했다. 로렌 지방의 찰스 공작이 지휘하는 동맹군이 이에 맞섰다. 카렌베르크에서는 동맹군 보병들이 오스만군의 측면을 공격하면서 큰 전투가 벌어졌다. 처음에는 양측이 팽팽하게 맞서 승부를 예측하기 어려웠지만, 점차 오스만 측이 밀리기 시작했다. 반나절에 걸친 격렬한 전투 끝에, 결국 동맹군이 오스만군을 밀어내고 카렌베르크 언덕의 오른쪽을 차지했다.

한편 동맹군 기병대 약 2만 명은 카렌베르크 언덕에서 하루 종일 보병부대들의 전투를 주시하며 때가 오기를 기다렸다. 오후 5시경이 되자, 얀 3세는 4분대로 나뉘어 있던 기병대에 공격을 지시했다. 한 부대는 신성로마제국과 오스트리아 군사들로 이루어졌고, 나머지 3개 부대는 모두 폴란드 군사들이었다. 거기에는 윙드 후사르 3000명도 포함되어 있었다.

동맹군 기병대는 3시간 넘게 계속 돌격했고, 결국 긴 전투에 피로해 있던 오스만군은 흔들리기 시작했다. 이때, 빈을 지키고 있던 수비대도 성문을 열고 나와 오스만군 진영으로 내달렸다.

오스만군대는 공성전, 야전에서 참패하자 사기가 땅에 떨어졌다. 결국, 동맹군 기병대에 몰려 남쪽과 동쪽으로 패주

■ 〈빈 전투〉, 1882년 율리우시 코샤크 그림.

하고 말았다. 마침내 동맹군은 빈을 지켜 낼 수 있었다. 전쟁이 끝난 후 얀 3세는 로마의 카이사르가 남긴 유명한 말을 빌려 다음과 같이 기쁨을 표현했다. "왔노라, 보았노라, 하느님께서 이기셨노라!"

이 전쟁으로 오스만군에서는 1만 5000여 명이 전사하고, 5000명이 포로로 잡혔다. 반면 오스트리아와 폴란드에서는 전사자가 4500명에 그쳤다. 오스만군이 노획한 전리품도 전부 동맹군의 손에 다시 들어왔다. 빈 시민들은 위대한 영웅인 얀 3세에게 경의를 표하는 의미에서 카렌베르크 북쪽에 그의 이름을 딴 교회를 세웠다. 그리고 그가 세운 전승을 영원히 기리기 위해 하늘의 별자리에 '소비에스키의 방패'란 뜻의 스쿠툼 소비에스키Scutum Sobieskii라는 이름까지 붙였다.

빈 공방전에서 동맹군이 승리했다는 소식은 온 유럽으로 퍼져 나갔고, 모든 유럽인이 열광적으로 환호했다. 교황 인노첸시오 11세는 하느님의 은총으로 이교도들을 무찔렀다고 기뻐하며, 전투가 벌어진 9월 12일을 영원히 기억하는 의미에서 이날 종을 울려 경축하라는 지시를 내렸다.

1683년의 빈 공방전은 등자와 긴 창을 갖춘 기병들이 활약했던 최전성기가 되고 말았다. 18세기 이후, 총검과 장전 속도가 빠른 머스킷 소총을 쓰게 되면서 이제 기병들이 보병 진영으로 정면 돌격하는 일은 자살 행위나 다름없게 되었으니 말이다. 이렇게 등자는 천 년간 기병들의 전성시대를 열어 주었다.

대영제국의 원동력이 된 증기기관

기차와 철도의 도입으로 유럽인들의 아프리카 침략은 더 수월해졌다. 1829년 영국에서 만들어진 기차와 철도는 1830년 미국, 1832년 프랑스, 1835년 벨기에, 1836년 캐나다에도 도입되었다. 1853년과 1872년에는 인도와 일본에도 철도가 놓였고, 1880년 무렵에는 거의 모든 나라에 철도가 놓이고 기차가 운행되었다.

증기기관차.

서양이 동양을 앞지르면서 인류 문명을 주도하게 된 결정적인 사건은 무엇이었을까? 알렉산드로스 대왕의 동방 원정? 로마제국의 지중해 통일? 십자군전쟁? 콜럼버스의 신대륙 발견? 모두 아니다. 서양이 동양을 압도한 시점은 산업혁명이 끝난 1840년경부터였으니, 채 200년도 되지 않았다. 그리고 그 시대를 연 것이 바로 산업혁명이다.

▬ 불발된 산업혁명

증기기관 하면 많은 사람이 1769년 영국인 제임스 와트가 증기기관을 처음 발명했다고 알고 있을 것이다. 하지만 그보다 1600년 전인 고대 이집트의 알렉산드리아에서도 증기기관은 있었다. 알렉산드리아의 과학자 헤론Heron은 보일러에서 나오는 수증기의 힘을 이용해 회전구가 도는 기계 애오리필Aeolipile을 발명했다. 이것이 역사상 최초의 증기기관이다.

하지만 이 애오리필은 산업혁명처럼 경제 시스템을 바꾸

어 놓지는 못했다. 그것은
지중해 사회의 경제 시스
템과 관련 있다. 당시 지
중해 일대는 로마제국이
통치하고 있었는데 로마
경제는 노예들의 노동으로
움직였다고 해도 과언이
아니다. 그런데 증기기관
같은 기계로 대량 생산이
이루어지면 노예들이 필요

■ 최초의 증기기관 애오리필.

없어져, 노예주와 노예 농장은 문을 닫게 된다. 이는 노예들
을 부리거나 사고팔면서 생기는 이득으로 먹고살던 로마 귀
족들에게 크나큰 타격이 아닐 수 없었다.

근대 이전, 중국에서도 유사한 이유로 산업혁명이 이루어
지지 못했다. 산업혁명을 거치면서 석탄이 비로소 공업 생
산에 쓰였다고 하지만, 사실 중국에서는 그보다 700년 앞선
송나라 때 이미 석탄을 대량 채굴해 썼다. 당시 송의 석탄과
철 생산량은 산업혁명 시기 영국에 필적할 만큼 많았다. 몽
골족의 원나라가 송나라를 정복한 직후 송나라 중심지였던
강남을 방문한 이탈리아 상인 마르코 폴로가 쓴《동방견문

록》을 보면, "중국은 집집마다 불타는 검은 돌을 땔감으로 쓴다"는 기록이 있는데, 여기서 '불타는 검은 돌'이 바로 석탄이었다.

명나라에서도 석탄은 꾸준히 쓰였고, 오히려 그 양이 더 많았다. 석탄을 어찌나 많이 썼는지, 석탄을 태우면서 나온 연기와 재가 도시 상공을 시꺼멓게 가려 매캐한 연기 때문에 고생하는 사람들이 속출할 정도였다.

광저우에서 특히 철광과 제철업이 성행했다. 당시만 해도 철을 생산하는 곳이 26곳이었는데, 하루 생산량이 3600근에 달했다. 한 작업장에 딸린 노동자는 최대 900명이나 되었다. 작업장은 철만 채굴하는 곳, 소를 몰아 철을 운반하는 곳, 용광로에 철을 넣고 제련하는 곳 등으로 세분화되었다. 작업장에는 코크스Koks와 열기를 식혀 주는 송풍기까지 설치되어 있었다.

당시에 제철업 못지않게 발달한 산업이 땅속에 매장된 소금인 암염巖鹽을 채굴하는 염업이었다. 암염은 주로 쓰촨성四川省에 집중적으로 매장되어 있었는데, 암염에 대한 수요가 늘어나면서 채굴 기술도 발전했다. 청나라 도광제가 즉위한 1820년경에는 1000미터 깊이의 암염을 캐내는 기술까지 개발될 정도였다. 당연히 채굴량도 늘었는데, 1812년 쓰촨성에서 채굴된 암염은 약 3억 9000만 근에 달했다.

암염을 가공하는 작업장인 염장도 제철 공장만큼이나 작업 과정이 세분화되어 있었다. 암염 성분이 포함된 노수를 채취하는 노동자와 그 노수를 대나무 통에 넣어 운반하는 노동자, 실어 온 노수를 가마솥에 넣고 끓이는 노동자, 작업 현장에서 일하는 노동자들을 관리하는 관리자와 만들어진 암염을 창고에 보관했다가 시장에 내다 파는 유통 과정을 맡은 책임자 등 현대의 대형 유통업체들과 비교해도 전혀 손색이 없을 정도였다. 암염업 전성기에는 이 업종에 종사하는 노동자들만 최대 40만 명이었다.

철과 소금 산업만 발달한 것은 아니었다. 윈난성雲南省에서는 은광이, 푸젠성福建省에서는 차 산업이, 저장성浙江省에서는 견직업, 쑤저우蘇州에서는 염색업, 장쑤성江蘇省에서는 제지업, 광저우에서는 설탕을 다루는 제당업이 성행했다.

그런데 중국이 산업혁명으로 가는 길을 막은 것이 있으니 다름 아닌 '풍부한 인력'이었다. 주지하다시피 중국은 넓은 땅덩어리만큼 사람도 많은 나라다. 그러다 보니 싼값으로 일할 수 있는 사람이 넘쳐 났다. 이런 현실에서 굳이 비싼 돈을 들여 기계를 만들 필요가 없었던 것이다. 중국이 증기기관 같은 기계를 만들지 않고 산업혁명에 뛰어들지 않았던 것은 중국인이 멍청하거나 게을러서가 아니었다. 이처럼 현실적으로 필요하지 않았기 때문이다.

━━ 복음과도 같았던 증기기관 발명

반면 영국을 비롯한 서구는 어땠는가? 로마제국이 붕괴되고 나서 자잘하게 나뉜 서유럽은 중국이나 인도, 아랍 같은 다른 지역들에 비해 매우 빈곤했다. 십자군전쟁 이후, 아랍이나 인도 지역과 교역 횟수가 늘긴 했지만, 서유럽 국가들은 항상 무역적자에 시달렸다. 동방에서 들여오는 향신료나 비단, 설탕 같은 사치품과 맞교환할 수출품이 거의 없었기 때문이다. 서유럽산 물품은 대부분 인도나 중국 같은 비서구인들에게 환영받지 못했다. 16세기 초, 인도 서부 해안으로 무역 선단을 이끌고 간 포르투갈의 바스코 다 가마가 고아 항에 의복들을 팔려고 풀어 놓자, 그것을 본 인도인들이 이렇게 비웃었다고 한다.

"우리나라에서는 이런 조잡한 옷감 따위는 거지도 안 입어!"

팔 물건이 거의 없었던 서유럽이 꾸준히 중국, 인도 등과 무역을 할 수 있었던 것은 1521년, 멕시코 아즈텍 왕국을 정복하면서 신대륙에서 채굴해 온 은 덕분이었다. 그 은으로 차, 비단, 도자기 따위를 살 수 있었던 것이다.

18세기로 접어들면서 이런 식의 무역은 곧 한계에 부딪힌다. 은의 주산지인 멕시코와 페루 등에서 점차 은의 생산량이 줄어들었기 때문이다. 더구나 애써 채굴한 은의 상당수가 중국으로 흘러들어 갔다. 17, 18세기 신대륙에서 얻은 은 11만 톤 중에서 절반이 넘는 6만 톤이 중국에 쓰였을 정도였다.

서구의 경우, 중국이나 인도처럼 노동 집약적인 산업으로 방향을 틀기도 어려운 상황이었다. 농지가 적어 농업 생산량이 낮았고, 인력도 부족했기 때문이다. 노동력 부족으로 고심하던 서유럽인들에게 적은 노동력으로도 대량 생산할 수 있도록 만든 증기기관의 발명은 그야말로 복음과도 같았다.

1693년 영국의 토머스 세이버리Thomas Savery는 탄광 갱도에 차오르는 물을 퍼 올리는 기계를 발명했다. 물이 가득 찬 밀폐 용기에 증기를 채워 넣음으로써 물을 더 높은 곳으로 밀어내는 원리였다. 1698년 세이버리는 이 기계에 대한 특허권을 받는다.

Thomas Savery.

■ 토머스 세이버리(왼쪽)와 그가 발명한 증기펌프(오른쪽).

그런데 이 기계는 고장이 잦고 쉽게 망가지는 등 결점이 많아 잘 쓰이지 않았다. 하지만 그의 노력은 결코 헛되지 않았다. 이후 무수한 증기기관이 쏟아져 나와, 결국 산업혁명으로 나아가게 하는 추진력이 되었으니 말이다.

1705년, 영국의 토머스 뉴커먼Thomas Newcomen은 세이버리의 증기펌프를 개량해 지하 30미터 깊이에서 물 2.5톤을 퍼 올리는 기관을 만들었다. 1769년, 제임스 와트James Watt는 뉴커먼의 증기기관을 수리하다가 다른 기능을 보강해 성능이 더 우수한 증기기관을 개발했다. 이 증기기관은 공장에서 실을 뽑는 방적기紡績機로 쓰였다. 전력 단위로

제임스 와트가 고안한 증기기관.

쓰이는 '와트W'는 와트의 이름에서 유래한 것이다.

증기기관을 이용한 방적기가 공장에서 사용되자, 영국 사
회에서는 큰 변화가 일어났다. 우선, 그전까지 가내수공업
으로 옷을 만들던 사람들이 대량으로 찍어 낸 값싼 공장 의
류에 밀려 경쟁력을 잃고 파산했다. 실직한 이들은 먹고살
기 위해 공장에 들어가 저임금 노동자가 되거나, 아니면 해
외로 원정을 나가는 군대에 입대해야 했다.

■ 탐욕에 악용된 산업혁명

기계로 대량 생산을 하게 되면서 영국산 제품은 국내뿐만
아니라 해외에서도 우위에 선다. 18세기 초까지 인도의 면
직물 산업은 세계 최고 수준이었지만, 18세기 중엽부터 밀
려든 영국산 제품에 밀려 무너지고 말았다. 영국의 가내수
공업자들처럼, 공장에서 대량으로 찍어 낸 저가 제품들을
당해 내지 못한 것이다.

인도의 면직물 시장을 장악한 영국은 거기서 발생한 막대
한 이익으로 군사비를 늘려, 수많은 군소 왕국으로 분열되
어 있던 인도를 서서히 점령해 나갔다. 인도의 지배권을 놓
고 프랑스와 벌인 1757년 플라시 전투에서 마침내 승리하면

서 사실상 인도를 독점한다.

광대한 인도를 지배하게 된 영국인들은 인도에 대규모 아편 재배 농장을 조성하고, 거기서 생산되는 아편을 싼값으로 중국에 마구 실어 날라다 팔았다. 중국인 수백만이 아편 중독자가 되었고, 이들에게서 영국은 1828년에서 1836년까지 무려 은 3800만 냥을 챙겼다.

1840년, 영국이 무력으로 청나라를 굴복시키고 맺은 난징 조약 이후, 중국의 산업은 큰 타격을 받았다. 광저우 등에서는 노동 집약적인 제철업이 번성했는데, 영국에서 생산된 철판과 못, 농기구 등이 싼값에 대량으로 유입되는 바람에 가격 경쟁력에서 밀린 수많은 제철업 종사 노동자가 실업자로 전락하고 말았다.

졸지에 일자리를 잃은 수공업자들은 그 원인이 서양 오랑 캐들의 물품을 들여오도록 허락한 조정에 있다며 분노를 삼켰다. 그 분노는 '태평천국의 난' 때 곧바로 터져 나왔다. 노동자들도 그 난에 합류했던 것이다. 이 난으로 청나라는 16년 동안이나 대혼란에 빠졌다. 결국, 증기기관을 이용한 공장의 대량 생산이 천 년 넘게 우위를 지키고 있던 중국과 인도의 전통 산업을 순식간에 망가뜨린 셈이다.

철도와 기차가 발명되면서 증기기관의 힘은 더 크게 발휘

■ 조지 스티븐슨이 발명한 증기기관차에 탄 승객들 모습.

되었다. 증기기관을 이용한 기차는 1763년 프랑스인 퀴뇨가
포탄을 수송할 용도로 발명했다. 하지만 운송 시간이 고작
13분에 지나지 않아, 애초에 목표했던 장거리 수송은 불가
능했다. 이후에도 증기기관차를 만들려는 사람들의 노력은
계속되었다. 공장에서 물품들은 끝없이 쏟아져 나오는데,
이를 실어 나를 운송수단이 만만치 않았기 때문이다.

증기기관차를 완성한 장본인은 영국의 조지 스티븐슨
George Stephenson이었다. 보일러 기술자였던 스티븐슨은
1814년, 짐 30톤을 싣고 시속 6킬로미터로 달릴 수 있는 증
기터빈 기관차를 만들었다. 1825년까지 그가 만든 기차는

15대였다. 스티븐슨은 이전 증기기관차들이 먼 거리를 다니지 못했던 이유 중 하나가 도로 상태가 나빴기 때문임을 알아차렸다. 그래서 기차가 안정적으로 달릴 수 있는 도로를 따로 만들어야 한다고 보았다.

1829년, 스티븐슨은 마침내 증기기관차 로켓Rocket을 개발했는데, 철도 60킬로미터를 달리는 데 성공해 이후에 출시된 증기기관차들의 기본 모델이 되었다.

━ 제국주의의 첨병이 된 기차와 철도

1829년 이후 철도가 놓이고 기차가 달리면서 제2의 산업혁명기로 접어든다. 기차와 철도는 서구 제국주의의 충실한 첨병이 되었다. 당시 아프리카의 상황만 봐도 그 사실을 확인할 수 있다. 1800년 이전까지, 유럽 열강이 차지한 아프리카 영토는 매우 적었다. 아프리카에 가장 오랫동안 공을 들인 포르투갈만 해도 앙골라와 모잠비크의 해안 지대를 차지한 것이 고작이었다. 영국의 식민지도 지금의 남아프리카공화국을 제외하면 나이지리아와 가나, 시에라리온의 해안 도시 몇 곳에 불과했다. 스페인과 프랑스는 남부 모로코와 알제리 해안 지역 일부에 그쳤다.

이미 군사력에서 아프리카의 나라들을 훨씬 앞섰던 유럽 열강이 왜 그 정도 선에서 멈추었을까? 특히 내륙 깊숙한 곳으로까지 들어가지 못한 이유는 무엇일까? 사실 이유는 간단하다. 아프리카의 무덥고 습한 날씨와 말라리아 같은 전염병 때문이다.

그런데 19세기 초부터 이런 상황에 변화가 일어났다. 1820년 프랑스 화학자 피에르 조셉 펠르티에르Pierre Joseph Pelletier 가 말라리아와 열병 치료약인 퀴닌quinine을 발명한 것이다. 퀴닌 효과가 얼마나 좋았던지, 19세기에 아프리카로 건너가는 유럽 식민지 개척자들은 이 약을 상비했을 정도다.

여기에 기차와 철도의 도입으로 유럽인들의 아프리카 침략은 더 수월해졌다. 1829년 영국에서 만들어진 기차와 철도는 1830년 미국, 1832년 프랑스, 1835년 벨기에, 1836년 캐나다에도 도입되었다. 1853년과 1872년에는 인도와 일본에도 철도가 놓였고, 1880년 무렵에는 거의 모든 나라에 철도가 놓이고 기차가 운행되었다.

영국과 프랑스 등 서구 열강은 이러한 기차와 철도를 이용해 아프리카 정복에 나섰다. 아프리카 현지에서 값싼 임금을 주고 모집한 노동자들에게 철도를 깔게 하고 기차를 만들어 조립하게 한 다음, 그 기차에 무기와 식량 등을 싣고

■ 텔 엘 케비르 전투 장면. 1882년 헨리 루이스 두프레이 그림.

서 아프리카 내륙 곳곳으로 신속하게 쳐들어갔던 것이다. 결과적으로 아프리카인들은 자신들을 침략할 외국 군대를 불러들인 꼴이 되고 말았다.

1882년 9월 13일, 이집트 북부의 텔 엘 케비르Tel el Kebir 전투에서 울슬리Wolseley가 지휘한 영국군이 이집트군을 전멸하고 카이로를 점령한 것을 시작으로 서구 열강은 파죽지세로 아프리카 내륙으로 파고들었다. 이집트를 점령한 영국은 1898년에는 수단을 손에 넣었고, 곧이어 우간다·케냐·나이지리아·짐바브웨·잠비아·보츠와나를 정복하기에 이르렀다.

프랑스와 독일 등 다른 나라들도 입으로는 영국을 잔인한 제국주의자라고 비난하면서도, 아프리카를 앞다투어 침략해 식민지로 삼느라 여념이 없었다. 프랑스는 이미 차지한 알제리와 튀니지의 내륙 영토에 이어 말리와 니제르, 차드를 점령했다. 신흥 강대국인 독일도 아프리카 쟁탈전에 뛰어들어 토고와 카메룬, 나미비아와 탄자니아를 손에 넣었다. 유럽의 작은 약소국인 벨기에도 광대한 콩고를 차지했으며, 포르투갈은 앙골라와 모잠비크를 식민지로 삼았다.

물론 아프리카와 아시아 등지에서 가장 넓은 식민지를 확보한 나라는 영국이었다. 국력이 최전성기에 달한 1910년,

영국의 식민지는 지구 육지 표면적의 3분의 1에 달했을 정도다. '해가 지지 않는 대영제국'이란 표현도 이 무렵에 나왔다. 최초로 증기기관을 발명해 증기기관차와 철도를 만든 영국이었으니, 식민지 개척에 가장 적극적이었던 것도 어찌 보면 당연하다고 할 수 있겠다.

무기의 왕, 총의 탄생

 조총이 조선 사회에 큰 충격을 준 건 사실이다. 수군 총사령관인
이순신은 조총이 승자총통보다 사정거리와 위력 면에서 우수하다는
점을 인정하고, 노획한 조총을 분해해 연구한 끝에 재조립하는 데
성공한다. 이순신뿐만이 아니라 선조도 조총에 각별한 관심을 보였다.

현대 군인들이 갖추어야 할 필수품이라면 단연 총이다. 그런데 이런 총은 언제부터 등장해서 보급되었을까? 최초의 총은 기원후 1290년, 중국에서 등장한 화총火銃이었다. 서양이 아닌 중국에서 총을 발명한 사실에 놀랄 분도 있겠지만, 화약을 처음 발

■ 원나라 화총.

명한 곳이 중국이었으니 이상한 일도 아니다.

당시 몽골족이 세운 원나라는 전 왕조인 금과 송나라를 정복하면서 화약 무기 제조 기술을 습득하여 이를 더욱 발전시켰다. 그러한 노력의 산물이 바로 화총이었다.

구리로 만든 화총의 전체 길이는 43.5센티미터이고, 총구 크기는 3센티미터이다. 총탄은 한꺼번에 여러 개 장전할 수 있다. 방아쇠를 당기는 현대 총과는 달리, 둥그런 총탄을 총신 안에 넣고서 불을 붙이면 화약이 터지는 힘으로 총탄이 발사되었다.

■ 중국에서 발명된 총

원나라를 북쪽으로 몰아내고 명나라가 들어서자 신쟁神鎗

이라는 새로운 총이 개발되었다. 신쟁은 총기 앞부분은 쇠로 만들고 뒷부분은 나무로 만들어 구리로만 만든 화총에 비해 더 가벼웠다. 총탄은 납으로 되었는데, 한꺼번에 20개씩 발사할 수 있었고, 총탄을 비상 등의 맹독에 넣어 두었다가 사용하면 중독 효과까지 얻을 수 있었다.

명나라에서 화약 무기를 어떻게 썼는지 보여 주는 좋은 사례가 있다. 1449년 10월 11일, 명의 수도 베이징에서 벌어진 오이라트-타타르 연합군과 명나라 수비군 간의 공방전이다. 당시 에센也先이 이끄는 오이라트-타타르 연합군 10만 명은 두 달여 전인 8월 14일, 지금의 내몽골 토목보土木堡에서 벌어진 전투에서 명군 약 12만 명을 전멸하고 황제인 영종마저 사로잡아 사기가 충천한 상태였다.

이때, 절체절명의 위기에 빠진 명나라를 구한 것이 바로 화약 무기였다. 지금의 국방부장관인 병부상서 우겸은 무슨 일이 있더라도 수도만은 지켜야 한다고 강력하게 주장하면서 전국 각지에서 20만이 넘는 병력을 베이징으로 소집했다. 그리고 화포 800여 개와 화총 1만 개, 화창火槍으로 그들을 단단히 무장시켰다.

베이징으로 몰려온 연합군은 성을 포위한 채 맹렬하게 공격해 왔다. 그러나 명군은 화포와 화창 등으로 오이라트 기

마부대를 사정없이 녹여 버렸다. 초원을 바람처럼 누비던 유목민 기병들도 화약 무기 앞에서는 맥을 못 썼다.

5일간 벌어진 전투에서 연합군은 전사자 1만 명을 내고, 에센의 동생인 소로와 재상인 마오나하이 등 고위 지휘관들마저 잇달아 전사하면서 사기가 땅에 떨어졌다. 게다가 베이징을 둘러싼 성벽이 너무 견고해서 아무리 공격해도 도저히 함락될 기미가 보이지 않았다. 결국, 에센은 군대를 철수했다. 명은 화포의 힘으로 겨우 나라를 지킬 수 있었다.

▬ 조총에 못 미친 승자총통

명의 시대에 조선에서도 천天, 지地, 현玄, 황黃이라 불린 개인용 총통이 제조되었다. 태조 이성계 시절의 기록을 보면, "천자나 지자같이 구경이 큰 총통은 아무리 기운이 좋은 사람이라도 몇 번 쏘면 팔이 아파 쏘지 못한다"는 내용이 보인다. 이로 보건대, 조선 초기의 총통은 굉장히 무거워 오래 들고 쏘기는 다소 어려웠던 듯싶다.

이러한 총통들은 세종대왕 때에 규격화되었고, 성능도 크게 향상된다. 1575년에는 경상병사 김지金遲가 기존에 사용되던 총통들보다 가볍고 휴대하기 편한 승자총통勝字銃筒을 개발했다. 승자총통은 핸드 건Hand gun으로 분류되는데, 기본 원리는 원나라에서 쓰인 화총과 같다. 총구에 총탄과 화약을 넣은 다음, 도화선에 불을 붙여 발사하는 구조였다. 최대 사정거리는 200미터가량이었다.

승자총통은 1583년 신립이 여진족인 니탕개의 난을 진압할 때와 1588년 여진족 시전부락을 토벌할 때 큰 위력을 발휘했다. 총기와 화약 무기를 모르던 여진족들은 성벽 위에서 조선군이 쏘아 댄 승자총통의 맹렬한 굉음에 혼비백산했다. 더욱이 그들이 타고 온 말들이 놀라 날뛰는 바람에 진열이 흐트러져 조선군에게 참패를 당했다.

하지만 승자총통은 명중률이 낮고 탄약을 장전하는 데도 시간이 오래 걸렸다. 임진왜란 때는 왜군이 쓴 조총鳥銃보다 위력과 관통력이 떨어져 임진왜란 이후에는 쓰이지 않았다.

조총은 서양에서 쓰이던 아르퀘부스arquebus인 화승총이었다. 일본은 1543년 다네가섬種子島에 상륙한 포르투갈 무역선에서 아르퀘부스 2정을 입수했는데, 당시 일본 각 지역을 다스리던 봉건 영주들은 하루도 끊이지 않고 싸웠으므로 이 총은 일본 사회에서 순식간에 퍼져 나갔다.

조총에 얽힌 유명한 인물로 오와리국尾張國 영주인 오다 노부나가織田信長가 있다. 흔히 1575년 나가시노 전투에서

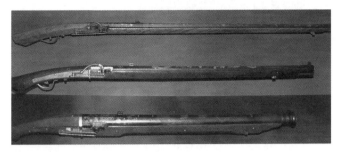

임진왜란 때 왜군이 쓴 조총.

그가 3000정을 갖춘 조총 부대를 3열로 배치해 다케다 신겐
武田信玄의 기마군단을 격파했다고 알려져 있지만, 자세하
게 파고들어 가면 사실은 다르다.

우선, 이 얘기의 출처가 에도시대(1603~1867)에 쓰인
《신장공기》인데, 이 책은 기본적으로 전쟁 소설에 가깝다.
그리고 당시에 쓰인 어느 책에도 이 얘기가 전해지지 않는
다. 참고로, 나가시노 전투보다 앞선 1514년 찰디란 전투에
서 오스만제국의 정예부대 예니체리는 3열보다 훨씬 깊은 무
려 9열로 진을 짠 페르시아군을 향해 교대 사격을 했다. 그
러니까 노부나가가 세계 최초로 조총의 교대 사격을 고안해
낸 것은 아니었다.

임진왜란을 공부한 사람이라면 으레, 신립 장군이 탄금대
에서 무모한 기병 돌격을 펼치다 전사한 일과 그가 출전하

기 전에 유성룡과 나눈 대화에서 "왜군이 조총을 갖고 있다지만, 그게 어디 쏠 때마다 맞는답니까?" 하고 말한 일화를 기억할 것이다. 이 일화를 두고 많은 사람이 신립의 식견이 모자랐다느니, 총의 위력도 제대로 모르는 한심한 장군이라느니 하면서 비웃는데 온당치 못한 일이다. 신립이 "조총이 쏠 때마다 맞느냐?"고 반문한 까닭은 승자총통은 그렇지 않았기 때문이다. 승자총통은 최대 사정거리가 200미터였지만, 대개 그보다 사정거리가 짧고 명중률도 낮아, 살상용으로보다는 큰 소리로 적을 위협하는 용도로 쓰였다. 이 때문에 조총이 보급된 이후 승자총통은 곧 사장되고 만 것이다.

승자총통만 명중률이 낮았던 건 아니다. 근대 이전의 개인용 총기는 동서양 어디에서나 명중률이 낮았다. 18세기 말, 미국 독립전쟁 당시에도 명중률은 별로 나아지지 않았다. 총탄이 회전하면서 날아갈 수 있도록 하는 강선이 아직 총기 안에 없어 총탄이 멀리까지 안정적으로 발사되지 못했기 때문이다. 영국 장군들은 병사들에게 "적의 눈동자가 보일 때까지는 총을 쏘지 마라"고 명령했을 정도였다. 16세기에는 동서양을 막론하고 대부분 총기가 1분당 총탄을 두 번 발사하는 것이 고작이었다.

미국의 독립전쟁을 다룬 할리우드 영화 〈패트리어트〉를

보면 재미있는 전투 장면이 나온다. 미국 독립군과 영국군이 바로 가까이에서 서로 총구를 대고 지휘관 구령에 따라 일제사격을 하는 모습이 그것이다. 얼핏 보기에는 우스꽝스럽지만 총기의 명중률이 낮아 이런 장면이 연출된 것이다.

▬ 총기 개발에 관심 많았던 선조

하지만 조총이 조선 사회에 큰 충격을 준 건 사실이다. 수군 총사령관인 이순신은 조총이 승자총통보다 사정거리와 위력 면에서 우수하다는 점을 인정하고, 노획한 조총을 분해해 연구한 끝에 재조립하는 데 성공한다. 다음은 《난중일기》의 한 대목이다.

> 이제야 온갖 연구 끝에 조총을 만들어 내니 왜인의 총통보다 훌륭하다. 명나라 사람들이 와서 진중에서 시험사격을 하고서는 잘되었다고 칭찬하지 않은 이가 없었다. 이미 그 묘법을 알았으니, 도 안에서는 같은 모양으로 넉넉히 만들어 내도록 순찰사와 병마사에게 견본을 보내고 공문을 돌려서 알게 하였다. -1593년 계사년 9월 17일

이순신뿐만이 아니라 선조도 조총에 각별한 관심을 보였다. 1593년 2월 10일자 〈선조실록〉에 따르면, 선조는 손재

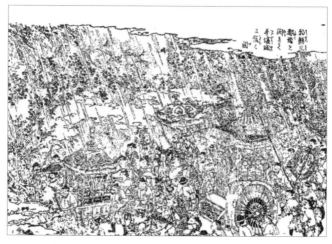
■ 일본 책 《회본태합기》에 실린 선조의 피난 행렬. 비록 전쟁에서는 패했지만, 선조는 총기 개발에 애착이 많았다.

주가 뛰어난 대장장이와 화약 만드는 기술자들을 주백총이라는 명나라 병사에게 보내 조총과 화약 제조 기술을 배우도록 하였다. 임진왜란 무렵, 조총은 일본뿐만 아니라 명나라에서도 널리 쓰였다. 이미 1560년대, 명나라 장군 척계광은 중국 동부 해안에 침투한 왜군을 소탕할 때, 포르투갈 상인에게서 배워 자체적으로 제작한 조총을 썼다.

총 제조 기술을 배우는 것만으로는 만족할 수 없었던지, 1593년 11월 12일 선조는 조총을 직접 고안해서 재상인 유성룡에게 시험해 보라며 넘겨준다. 그러나 그런 자신만만한 모습과 달리 선조가 만든 조총은 그리 정밀하지 못했다. 유성룡과 나눈 대화 내용을 보면, 두 사람이 장전과 사격을 따로 맡아 쏘는 방식으로, 현대의 지대공미사일이나 바주카포를 연상케 한다. 명나라에도 두 사람이 한 조를 이루어 사격하는 대형 총기인 조창鳥槍과 태창抬槍이 있었다.

▬ 창병과 화승총 부대가 함께한 테르시오 전술

서양의 경우 중국보다 총기의 등장이 늦었다. 1375년경에 화총이나 신쟁 같은 원리로 작동되는 핸드 건이 보급되었고, 1411년에 아르퀘부스라고 불린 화승총이 등장했다. 그리고 1528년에는 위력이 더 강력한 머스킷(소총)이 등장했다.

1525년 파비아 전투에서는 프랑스 국왕 프랑수아 1세가 신성로마제국 황제이자 스페인 국왕인 카를 5세에게 참패하고 포로가 되는 치욕을 당한다. 프랑스는 유럽 최강으로 불린 자국 기사들을 앞세우며 전진했으나, 긴 창 부대의 보호를 받으며 등장한 스페인 총병들이 일제히 퍼붓는 총탄에 놀라 흩어지고 만다. 그 바람에 전세가 역전됐던 것이다. 이때 스페인 군대가 쓴, 창병과 화승총 부대를 혼합한 전술을 '테르시오Tercio'라고 한다. 이후 스페인은 약 100년간 유럼 최강국으로 군림한다.

한편, 테르시오 전술은 17세기 초에 밀려나는데, 네덜란
드의 마우리츠 공과 스웨덴의 구스타브 2세 아돌프 대왕이
전열을 10열에서 6열로 줄여 기동성을 살리는 동시에 강력
한 집중력과 높은 화력으로 적을 압도하는 일제사격 전술을
개발해 냈기 때문이다.

이슬람 국가인 오스만제국도 총기를 활용하는 데는 상당
히 뛰어났다. 오스만제국은 1428년, 베네치아가 다스리던
크로아티아의 두브로브니크에서 만들어진 화승총을 처음 입
수했고, 1440년 헝가리와 벌인 전투에서 술탄 무라드가 총
을 처음 사용했다. 승리한 무라드는 총기의 위력을 깨달았
고, 곧바로 화승총을 대량 생산해 전 군에 보급하도록 명령
했다. 그리고 1514년 8월 23일, 술탄 셀림 1세는 지금의 터
키 동부 찰디란에서 이란을 지배하던 사파비 페르시아 군대
와 싸워 크게 이겼다. 오스만군이 페르시아군보다 수적으로
많았던 것도 승리 요인이지만, 예니체리 군사들이 쏘아 댄
화승총의 영향도 컸다.

1250년 건국한 이래로 몽골군과 십자군을 격파하고 250
년 동안 이집트를 지배했던 강력한 군사 집단인 맘루크들
역시, 전통적인 기병 돌격 전술에만 집착하다가 오스만군의

화승총을 들고 싸우는 예니체리 병사들.

화승총과 대포에 참패를 당해 결국 1517년 멸망하고 만다.

1526년 모하치 전투에서 오스만군은 헝가리 국왕 루트비히 2세가 이끄는 헝가리군 2만을 완전히 궤멸했다. 승패를 좌우한 건 역시 화승총이었다. 예니체리 군사들은 9열로 나뉘어, 쳐들어오는 헝가리 군사들을 향해 교대로 총을 퍼부었다. 헝가리군 수천 명이 전사했고, 겁에 질린 루트비히 2세와 나머지 군인들이 정신없이 도주하다 도나우 강에 빠져 죽었을 정도로 치욕적인 패배였다.

17세기에 접어들면서 서구의 총기는 조금씩 변한다. 화승

■ 17세기 머스킷 총을 든 보병.

총인 아르퀘부스나 소총인 머스킷의 경우, 두터운 판금 갑옷을 뚫기 위해 좀 더 크고 두터워진다. 이런 총기의 무게를 지탱하기 위해 총을 쏠 때 총신을 받쳐주는 금속제 받침대인 폭 Fok이 쓰였다. 그러다 17세기 중엽 이후, 아무리 갑옷이 두꺼워도 총과 대포의 공격에서 무사하지

못하다는 사실을 깨달으면서, 군인들이 점차 갑옷을 입지 않게 되었다. 아울러 무겁고 거추장스럽던 폭도 사라졌다.

총검의 등장

1650년경 프랑스에서 총구에 칼을 장착하는 총검이 발명되었다. 자연스레 창병이 사라졌다. 창병은, 총병이 총에 탄약을 장전할 때 적의 기병이 급습할 경우를 대비한 것이었으니, 총검 등장과 함께 쓸모가 없어진 것이다.

총검이 개발되기 전까지 총병들은 전장의 주역이 되지 못했다. 1619년 3월에 벌어졌던 사르후 전투에서 조선군은 조총으로 무장한 병사 5000명이 있었지만, 후금의 기병대 돌격을 막지 못해 대패해 항복하고 만다. 당시 전황을 묘사한 기록을 보면, 조선군 보병들이 조총을 두 발 쏘는 사이에 후금의 기병대가 쏜살같이 돌진해 와 순식간에 전열을 무너뜨렸다고 한다.

조선만 이런 일을 당한 건 아니다. 17세기 폴란드

■ 전장에서 창병을 사라지게 한 총검.

기병대 윙드 후사르는 오스만제국과 러시아, 스웨덴 같은 주변 나라들과 벌인 전투에서 번번이 대승을 거두었고, 1683년 빈 공방전에서 오스만의 10만 대군을 패주시키는 데 혁혁한 공을 세웠다.

그런데 총검을 장비한 보병들로 인해 기병들은 전장에서 설 자리를 점점 잃는다. 1798년 이집트의 임바바 전투에서 맘루크 기병들은 프랑스 보병부대에, 1815년 워털루 전투에서 프랑스 기병대는 총검을 갖춘 영국의 보병부대에 격퇴당하고 말았다.

━━ 획기적인 라이플총

18세기 프로이센의 프리드리히 대왕은 전 국민이 병사가 되는 징병제를 실시하는 한편, 군 장비를 규격화해 군대 수준을 질적, 양적으로 향상시켰다. 여기에 기존에 있던 심지에 불을 붙이는 총 대신, 방아쇠를 당기면 용수철이 총 안의 부싯돌을 타격하면서 점화되는 플린트락Flintlock 머스킷 총이 개발되어 총의 장전 속도가 이전보다 더욱 빨라졌다. 프리드리히 대왕은 이러한 머스킷 총으로 무장한 총병들을 3열의 선형線形 대형으로 배치해 근거리에서 신속하게 일제

사격을 퍼붓는 전술을 펼쳤다. 이 전술로 1757년 로이든 전투에서 오스트리아와 프랑스군을 격파하고 프로이센을 유럽 최고의 군사 강국으로 발돋움시켰다.

그러나 프리드리히 대왕보다 더욱 큰 명성과 성공을 거둔 인물이 있으니 바로 나폴레옹이었다. 나폴레옹은 황제가 되어 10년 동안이나마 영국과 러시아를 제외한 전 유럽을 굴복시켰는데, 그가 고안해 낸 전술과 진보된 총포류 덕이었다. 사관학교 출신으로 동서양 역사와 전략, 전술에 밝았던 나폴레옹은 자신보다 선구자였던 프리드리히 대왕이 만든 선형진에 주목했다. 그는 횡대와 종대로 나뉜 전투 대형을 한군데로 묶어서 운용함으로써 전 군의 총력전을 가능케 했으며, 총 안에 강선(나선형으로 판 홈)을 파 넣은 라이플총을 배포해 명중률과 사격 속도를 높이도록 했다.

라이플총은 이미 1520년대 독일 뉘른베르크에서 살던 코타라는 대장장이가 발명했는데, 만드는 비용이 워낙 많이 들어 소수의 저격병들에만 공급되었다. 그러나 나폴레옹 시대를 거치면서 영국을 비롯한 서구에서는 본격적으로 라이플총을 개발하게 된다. 여기에 1835년, 프로이센에서 드라이제 니들 건Dreyse needle gun이 개발되면서 서구의 총기는 일대 혁신을 맞는다. 그전까지 거의 모든 총은 총탄을 총

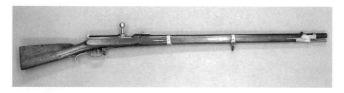
■ 프로이센에서 발명된 드라이제 니들 건

구에 직접 넣는 방식이어서 장전 속도가 느렸다. 거기다가 총을 몇 번 쏘고 나면 화약 찌꺼기가 총구를 막아 버려 수시로 꼬질대로 쑤셔 주어야 했다.

그런데 드라이제 니들 건은 총탄을 총의 뒤쪽으로 장전하는 구조여서 다른 총들보다 장전 속도가 훨씬 빨랐으며, 총을 오랫동안 쏴도 화약 찌꺼기가 총구를 막는 일도 없었다. 이러한 드라이제 니들 건으로 무장한 프로이센군은 1866년 자도바sadowa 전투에서 오스트리아군을 상대로 압도적인 승리를 거둔다. 프로이센군은 1900명이 전사하고 6800명이 포로가 된 데 반해, 오스트리아군은 전사자가 5735명, 부상자 8440명, 포로 2만 2000명이었을 정도로 결과가 참혹했다.

■ 파리 코뮌 진압 때 쓰인 샤스포

1847년, 프랑스 육군 장교 클라우드 에티엔느 미니에

Claude-Etienne Minié가 개발한 미니에 탄은 총의 성능을 크게 향상시켰다. 총탄이 총구 지름보다 작아 쏙 들어가고, 총열에 딱 들어맞아 발사하면 명중률도 높았다. 1855년 프랑스 정부의 공무원 샤스포Chassepot가 발명한 샤스포총은 프로이센의 드라이제 니들 건보다 사정거리가 더 멀고, 파괴력도 뛰어났다. 처음에는 사정거리가 최대 1200미터였는데, 이후에는 무려 1600미터까지 늘어났다.

샤스포의 총탄 속도는 초속 403미터였는데, 이는 드라이제 니들 건의 275미터보다 훨씬 빠른 것이었다. 또한 노리쇠가 더 나아져 탄도가 안정되면서 명중률도 높아졌다. 무엇보다 총이 가벼워져 병사들이 휴대하며 사격하기에 편했다.

1870년, 프로이센-프랑스 전쟁이 벌어졌을 때 프랑스군은 샤스포 100만 정을 구비하고 있었다. 이처럼 적군인 프로이센보다 우수한 무기를 가졌는데도 프랑스군은 이 전쟁에서 거듭 패했고, 끝내 수도마저 함락당한다. 우선, 샤스포의 사정거리가 너무 긴 것이 문제(?)였다. 프랑스 병사들은 사정거리만 믿고서 멀리 프로이센군이 나타나면, 지휘관이 명령을 내리기도 전에 마구 쏘아 대는 바람에 총탄이 일찍 바닥나 버렸다. 더욱이 프랑스군은 규율이 형편없고 훈

■ 샤스포를 쥔 프랑스 군인(왼쪽)과 샤스포총(오른쪽).

련도 부족해 샤스포를 제대로 다루는 방법조차 몰랐다. 당연히 전투력이 매우 낮았다. 프랑스군은 마르 라 투르Mars-la-tour 전투를 비롯해 자신들보다 군사가 더 적었던 프로이센군의 공세에 일방적으로 무너져 내리기 일쑤였다.

아이러니하게도 샤스포총은 적군인 프로이센군보다 자국민들을 죽이는 데 더 활용되었다. 1871년 3월 노동자들과 시민들이 봉기해 세운 자치정부인 파리 코뮌을 진압하는 과정에서 노동자와 시민 약 2만 명을 샤스포로 쏘아 죽였으니 말이다.

아무리 무기 성능이 뛰어나도 그것을 다루는 주체는 사람

이다. 우수한 하드웨어를 가진 프랑스군은 정작 중요한 소
프트웨어를 경시한 대가를 톡톡히 치른 셈이다.

━━ 총을 창처럼 사용한 줄루족

프로이센-프랑스 전쟁의 패배로 프랑스는 로마가 무너진
뒤 약 1천 년간 누렸던 유럽 최강국의 자리를 내놓아야 했
다. 반면 프로이센은 다른 군소 제후국들을 통합해 독일제
국을 세우고 신흥 강국으로 떠올랐다. 앙숙인 프랑스가 이
렇게 몰락해 가는 사이 영국은 세계 제해권을 장악하며 식
민지를 넓혀 가고 있었다.

1879년 1월 22일, 남아프리카의 로크스 드리프트Rorke's
Drift에서 벌어진 전투에서 영국군 139명과 그들을 지원하던
아프리카인 보조 부대원 300명은 자신들보다 10배나 많은
줄루족 전사들과 맞섰다. 영국군은 로크스 드리프트 요새에
옥수수자루로 방호벽을 쌓고, 밤새도록 몰려오는 줄루족 전
사들을 향해 마티니 헨리Martini-Henry 라이플로 총탄을 퍼
부었다. 전사자 351명과 부상자 500명을 낸 줄루족은 마침
내 퇴각한다.

마티니 헨리는 유효 사정거리가 550미터이고, 최대 1400미

■ 1880년 로크스 드리프트 공방전. 1880년 알퐁스 마리 아돌프 드 뇌빌 그림.

터까지 나아갔다. 발사 속도는 초속 270미터가량이었다. 샤스포보다 전체적으로 성능은 그다지 뛰어나지 않았지만, 나무 방패로 맞서는 줄루족 전사들을 제압하기에는 충분했다.

하지만 줄루족이라고 해서 총을 몰랐던 것은 아니다. 로크스 드리프트 전투가 벌어지기 20년 전부터 줄루족은 유럽인 무기상들에게서 각종 총기를 수입해 수천 정을 보유하고 있었다. 로크스 드리프트 전투 바로 이전에 벌어진 이산들와나Isandlwana 전투에서는 영국군을 기습 공격해 24연대를 전멸시키기도 했다. 이때 영국군의 마티니 헨리를 빼앗아 로크스 드리프트 전투 때 쓰기도 했다.

그런데 왜 줄루족은 패했던 것일까. 거기에는 다소 우스꽝스러운 이유가 있다. 줄루족 전사의 주 무기는 아세가이라는 창인데, 이 창은 먼 곳을 겨냥해 던지는 투창이었다. 줄루족은 아세가이처럼 총도 먼 곳을 겨냥해 쏘기만 하면 되는 줄 알고서, 목표물에 조준하지 않고 그냥 쏘아 댔던 것이다. 그러니 아무리 쏴 봐야 맞을 리가 있나.

1884년 줄루족은 영국군에게 대패한 후 식민지인이자 노예가 되는 설움을 겪는다. 외래 문물을 배울 때는 어설프게 하지 말고, 처음부터 끝까지 확실하게 배워야 한다는 교훈쯤은 얻었을까.

3부 영화는 짧고
건축물은 길다

로마 광장에 세워진 이집트의 오벨리스크

2000년 가까이 찬란한 이집트 문명을 온몸으로 드러내던
오벨리스크는 기원전 30년, 이집트가 로마제국의 영토로 편입되면서
본격적으로 수난을 겪는다. 로마의 황제들은 오벨리스크를 무척
신기한 외국 유물로 여겨, 아무 죄책감이나 주저함 없이 로마로
가져와 전승 기념물로 삼았다.

유적지로 가득 찬 로마를 찾은 관광객들의 눈을 단박에 사로잡는 것이 있다. 오벨리스크obelisk다. 오벨리스크를 보고 세계 패션을 이끄는 나라답게 손 솜씨가 남다르다며 감탄하는 이들도 있으리라. 그러나 오벨리스크는 이탈리아 사람들이 아닌 고대 이집트인들이 만든 것이다. 그런데 어쩌다 머나먼 이탈리아에 오벨리스크가 서 있게 된 걸까. 다소 긴 설명이 필요하다.

오벨리스크.

로마로 옮겨진 오벨리스크

오벨리스크는 고대 이집트인들이 숭배하던 태양의 신, 라 Ra의 상징이다. 기원전 1971년에서 1926년 사이에 그를 기념하기 위해 이집트 중부에 있는 헬리오폴리스Heliopolis 신전에 붉은 화강암으로 만든 무게 120톤의 오벨리스크가 세워졌다. 이집트인들은 오벨리스크가 라가 지상으로 내뿜는 태양 광선을 상징한다고 믿었으며, 오벨리스크 안에 신이 존재한다고 여겨 성스럽게 여겼다.

힉소스 족을 쳐부수고 이집트 영토를 팔레스타인과 유프

라테스 강 유역까지 넓혀 19세기 서구 학자들이 "고대 이집
트의 나폴레옹"이라고 찬사를 보낸 투트모세 1세(재위 기원
전 1525~1512)는 무게 143톤에 높이 24미터, 너비 1.8미터
인 오벨리스크 두 개를 세웠다. 라가 지켜 줘 전쟁에서 이겼
다고 본 것이다.

2000년 가까이 찬란한 이집트 문명을 상징하던 오벨리스
크는 기원전 30년, 이집트가 로마제국의 영토로 편입되면서
본격적으로 수난을 겪는다. 로마의 황제들은 오벨리스크를
무척 신기한 외국 유물로 여겨, 아무 죄책감이나 주저함 없
이 로마로 가져와 전승 기념물로 삼았다. 폭군으로 악명 높
았던 네로는 로마 시민들이 가장 좋아한 오락거리인 전차
경주장에 오벨리스크를 전시했다.

왜 로마인들은 오벨리스크를 로마로 가져온 것일까? 전리
품이 필요했을까? 피라미드나 스핑크스는 너무 크고 무거우
니 그것에 비해 작고 나름대로 특색도 있는 오벨리스크를
가져왔을 수 있다. 이런 것도 생각해 볼 수 있다. 로마인들
은 자신들이 정복한 민족의 종교도 믿을 정도로 포용적이었
다. 실제로 로마인 중에는 이시스나 오시리스 같은 이집트
신들을 믿는 이도 적지 않았다. 어쩌면 로마인들은 오벨리
스크가 있으면 자신들도 태양신의 가호를 입을 수 있으리라

■ 로마의 성 베드로 광장에 세워진 오벨리스크.

여겼는지도 모른다. 전차 경주장에 오벨리스크를 전시한 이
유도 태양신이 전차 기수들을 보호해 주리라는 기대 때문이
었을 것이다.

현재 로마의 성 베드로 광장 한복판에 세워진 오벨리스크
는 네로가 가져와 전차 경주장에 설치했던 것이다. 로마제국
이 멸망한 후 이 오벨리스크는 한동안 방치되었다. 그러던
것을 교황 식스토 5세가 1586년에 인부 900명과 말 150마리
를 동원한 대공사 끝에 베드로 광장으로 옮겨 놓은 것이다.

왜 하필 독실한 기독교인인 베드로 성인을 기념하는 광장에 이교도 상징물을 가져온 걸까? 일설에 따르면, 예루살렘으로 성지순례를 가기 어려운 사람들을 위해서라고 한다. 오벨리스크 맨 꼭대기에 십자가를 설치해 기도하게 했다는 것이다. 과연 유일신을 강조하는 기독교의 하느님이 좋아했을지 의문이다. 아마도 그보다는 오벨리스크가 워낙 신기하고 멋있는 이국적인 유물이라 광장에 세워 놓은 게 아닐까 싶다.

성 베드로 광장 이외에도 성모마리아 대성당(산타 마리아 델 피오레 대성당)과 트리니타 데이 몬티 교회, 포폴로 광장 앞에도 오벨리스크가 세워져 있다. 포폴로 광장의 것은 높이가 무려 30미터나 된다. 이런 식으로 로마에 설치된 오벨리스크가 스무 개를 넘는다.

로마 황제 말고 다른 지역의 왕들도 오벨리스크를 좋아해서 틈만 나면 자기 나라로 가져왔다. 로마의 초대 황제 아우구스투스의 힘으로 유대의 왕이 된 헤롯은, 북부에 세운 새로운 도시 카이사레아에 건설한 전차 경주장에 이집트에서 가져온 오벨리스크를 세워 놓았다. 높이 12미터에 100톤인 붉은 화강암으로 만든 것이었다.

하지만 철저히 유일신을 섬기는 유대인들은 이런 헤롯의

■ 포폴로 광장의 오벨리스크. 이집트를 점령한 로마인들은 오벨리스크를 로마로 가져와 세워 놓았다.

행위를 자신들의 고유한 신앙과 정신을 모독하는 짓으로 보았다. 더욱이 헤롯은 자신을 왕으로 만들어 준 로마제국에 지나치게 아부를 했다. 예루살렘에 로마의 신인 유피테르를 섬기는 신전을 짓는 등 로마 문화를 분별없이 받아들였다. 이 때문에 유대인들은 헤롯을 "로마에 노예처럼 굽실거리는 매국노"라며 손가락질했다. 헤롯이 죽은 후 헤롯 왕가는 유대인들의 격렬한 봉기에 휘말려 무너지고 만다.

로마제국이 동서로 분열된 390년, 동로마제국(비잔티움제국)의 황제 테오도시우스는 새 수도인 콘스탄티노플(오늘날 터키의 이스탄불)의 전차 경주장에 높이 28미터와 19미터짜리 오벨리스크를 세워 놓은 뒤 경주가 시작될 때마다 시민들이 감상할 수 있게 했다. 비잔티움제국이 1453년, 터키의 전신인 오스만투르크에 멸망당하자 오벨리스크는 자연히 터키의 수중으로 들어갔다. 그것이 현재 이스탄불의 히포드럼 광장에 세워진 것이다.

—— 오벨리스크 수난사

중세와 르네상스를 거쳐 18세기 계몽주의 시대로 접어들면서 오벨리스크는 또다시 각광을 받는다. 당시 유럽의 지식인들은 기존의 종교인 기독교에 극렬한 거부감을 드러낸 반면, 다른 신앙에는 열렬한 관심과 애정을 보였다. 아무런 의문도 품지 말고 그저 믿으라고만 강요하는 기독교보다는 '신비한 마법의 왕국' 이미지를 지닌 이집트 신앙에 더 끌렸다. 이 열풍이 얼마나 거셌느냐 하면, '근대 과학의 아버지' 라 불린 뉴턴도, 이집트에서 유래한 연금술(일반 금속을 금으로 바꾼다는 마술)과 인간에게 영원한 생명을 준다는 '현자의 돌' 을 주제로 논문을 썼을 정도다.

분위기가 이렇다 보니 오벨리스크도 자연스럽게 관심의 대상이 되었다. 1798년 7월, 나폴레옹은 군사 5만 4000명을 이끌고 이집트에 상륙해 토착 지배층인 맘루크들을 쳐부수고 이집트를 점령한다. 이 무렵, 프랑스 고고학자 샹폴리옹이 로제타석을 발견해 고대 이집트 문자를 해독한 것으로 잘 알려져 있다. 영국군에 밀려 철수할 때 프랑스군은 오벨리스크를 프랑스로 가져왔다.

프랑스를 내쫓고 이집트를 지배한 영국도 오벨리스크에 눈독을 들였다. 1870년, 한 무리의 영국인이 이집트의 오벨리스크를 불법으로 반출해 영국으로 가져왔는데, 현재 런던 템스 강가에 있는 오벨리스크가 바로 그것이다.

영국에서 독립해 신흥 강국으로 떠오른 미국도 오벨리스

크로 대표되는 이집트 문화를 선호했다. 토머스 제퍼슨 등 미국의 초대 대통령들은 고대 이집트의 마술과 영지靈智를 숭배하던 비밀 단체 프리메이슨 회원이었다. 제퍼슨 대통령은 고대 이집트 도시인 멤피스의 이름을 그대로 따서 테네시 주에 새로 건설한 도시 이름을 지었다.

19세기 말, 미국 정부는 이집트 정부가 보낸 오벨리스크 1개를 선물로 받았는데, 이것은 현재 뉴욕 센트럴파크에 세워져 있다. 순수한 선물이 아니라 미국 측에서 강제로 빼앗았다는 소문도 있지만 말이다.

━━ 문화재 반환의 어려움

이렇게 2000년간 로마와 동로마, 영국, 프랑스, 미국 등 강대국들에 끊임없이 약탈당한 관계로 현재 이집트에 남아 있는 오벨리스크는 3개뿐이다. 투트모세 1세가 세운 높이 23미터에 무게 143톤짜리와 하트셉수트 여왕이 세운 높이 29미터에 무게 325톤짜리 그리고 미완성된 채로 아스완에 방치되어 있는 41미터짜리가 그것이다.

최근 이집트 정부는 오벨리스크를 포함한 자국의 잃어버린 문화재들을 되찾아오려고 노력하고 있다. 특히, 영국과 프랑스에 끈질기게 요청하고 있다. 하지만 두 나라는 여전히 못 들은 척하고 있을 뿐이다. 겉으로는 "고대 이집트 문화유산은 이집트만의 것이 아니라 전 세계와 인류의 공통된 보물이다. 현재 이집트의 문화재 보존 기술로는 옛 유산들을 온전히 보존할 수 없으므로, 안전하게 보관할 수 있는 영국과 프랑스에서 맡는 것이 더 바람직하다"는 명분을 내세우고 있지만, 진짜 속내는 관광 수익이 줄어들까 봐서다. 다른 나라 유물을 몽땅 돌려주면 대영박물관과 루브르박물관을 찾는 관광객들이 줄어들 테니까 말이다.

하지만 이집트의 오벨리스크처럼 우리나라의 문화유산들 중 상당수도 일제 강점기와 6.25 전쟁 시기에 유출되어 해외에서 전시되는 슬픔을 겪고 있다. "힘이 없으면 역사도 지키지 못한다"는 말은 현실에서 진리이다.

한족 역사와 함께 흘러온 만리장성

만리장성을 쌓기 시작한 이는 진시황이 아니지만, 본격적으로 쌓도록 한 이는 진시황이 맞다. 그런데 진시황은 무엇 때문에 엄청난 인력과 비용을 들여 가면서 만리장성을 확장했던 것일까? 여기에는 음험한 모략이 숨겨져 있다.

미국은 카우보이, 일본은 사무라이, 영국은 신사처럼 중국을 대표하는 이미지를 하나만 고르라면? 단연 1위는 만리장성이 아닐까 싶다.

■ 만리장성.

■■ 기만적인 통치 전략

만리장성은 숱한 신화와 전설을 남기며 2000년간 존재해 왔다. 그 과정에서 잘못 알려진 상식도 많은데, 그중 하나가 "달에서 보이는 지구상의 유일한 건축물"이라는 얘기다. 그러나 만리장성은 달에서 보이지 않는다. 장성 높이가 지표면으로부터 10여 미터에 지나지 않으니까. 2003년 10월 15일 발사된 중국 최초의 유인 우주선 선저우神舟 5호에 탑승했던 양리웨이楊利偉 중령은 중국 방송 CCTV와 한 인터뷰에서 "우주에서는 만리장성이 보이지 않았다"고 털어놓았다. 그리고 이 발언은 2004년 12월 8일 중국과학원이 정밀한 천체 망원경이 아닌 이상 우주에서는 사람의 눈으로 만리장성을 볼 수 없다고 발표함으로써 사실로 증명되었다.

만리장성에 얽힌 또 하나 유명한 이야기는, 중국을 통일한 진시황이 만리장성을 쌓은 장본인이라는 속설이다. 엄밀히 따지면 이는 절반은 맞고 절반은 틀리다.

만리장성의 역사는 중국 대륙이 대혼란에 휩싸여 있던 기원전 5세기 무렵 춘추전국시대로 거슬러 올라간다. 당시, 북방의 흉노족과 동호족 같은 유목민족의 잦은 침략에 시달리던 조趙나라와 연燕나라가 북쪽을 방어하기 위해서 국경선을 따라 긴 성벽을 쌓았는데, 이것이 만리장성의 시작이다. 특히, 연나라는 명장 진개가 고조선을 격파하고 영토 2000리를 빼앗는 대승리를 거두자, 이 땅을 지키기 위해 베이징에서 랴오둥반도 끄트머리에 달하는 연진장성燕秦長城을 쌓기도 했다.

그러다 기원전 221년, 진시황이 조나라와 연나라를 비롯한 중원의 군소 국가를 모두 병합하면서 중국을 통일한다. 진시황은 곧바로 기존의 조나라와 연나라가 지은 장성을 연결하고 그 길이와 규모를 더 확대하는 작업을 시작했다.

이렇게 볼 때 만리장성을 쌓기 시작한 이는 진시황이 아니지만, 본격적으로 쌓도록 한 이는 진시황이 맞다. 그런데 진시황은 무엇 때문에 엄청난 인력과 비용을 들여 가면서 만리장성을 확장했던 것일까? 여기에는 음험한 모략이 숨겨져 있다. 비록 진나라는 막강한 군사력으로 조, 연, 제, 위, 한, 초 여섯 나라를 멸망시켰지만, 아직도 중국 각지에는 망

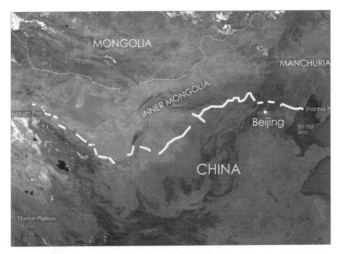

■ 진시황 때 본격적으로 쌓기 시작한 만리장성. 가운데 하얗게 표시된 선이 만리장성이다.

국의 유민들이 숨어 암암리에 세력을 키우면서 진나라를 무너뜨릴 기회를 호시탐탐 노리고 있었다.

진시황은 언제 이들이 봉기할지 모른다는 불안감에 휩싸였다. 그래서 대대적인 토목 공사를 일부러 감행했던 것이다. 유민들을 비롯해 잠재적인 위험 요소가 될 우려가 있는 백성들을 지치게 해 반항할 여력을 아예 없애 버리려는 속셈이었다.

이런 기발한(?) 통치 정책 덕분에 백성 30만이 강제 징발되었다. 이들은 발해를 마주 보는 산하이관山海關에서부터 서쪽 간쑤성 자위관嘉峪關에 이르기까지 약 6400킬로미터에 이르는 장대한 구역에 위치한 험준한 산맥과 사막을 따라 성을 쌓는 노역에 동원되었다.

처음에는 30만 명이었지만, 공사가 계속되면서 더 많은 인력이 필요해졌다. 각지에서 새로운 백성들이 계속 징발되어 온 덕분에 진시황 사망 직후에는 만리장성을 쌓는 작업에 투입된 인부 수가 무려 70만 명에 달했다고 한다. 인부들은 군대에서 일하는 병사에서부터 죄를 지은 범죄자나 아무런 잘못도 하지 않았지만 나라의 명으로 끌려온 일반 백성들까지 출신 성분이 다양했다.

▬ 만리장성에 어린 한

그러나 진나라의 북쪽 국경 지역은 공사가 이루어지는 지반이 매우 험준해 흙과 돌을 나르다가 인부들이 죽거나 다치는 사고가 빈번했다. 심지어 공사 도중에 죽은 인부들의 장례를 제대로 치르지 못해 유골이 그대로 흙에 섞여 들어가기도 했다.

이런 역사적 아픔을 모르는 외국 관광객들은 만리장성의 위용을 보면서 그저 감탄한다. 한국인들도 예외는 아니다. "왜 우리나라에는 저렇게 웅장한 건축물이 없느냐?"고 불만을 터뜨리기 일쑤다.

그러나 앞에서 말한 것처럼 만리장성 축조 공사에 동원된 중국인들의 마음은 그렇지 않았을 것이다. 동진東晉의 원제 시절에 간보干寶라는 사람이 지은 《수신기搜神記》를 보면, 중국 남부 후베이성 방현房縣의 방산房山에 산다는 모인毛人이라는 괴물이 나온다. 그런데 그 괴물은 진시황이 만리장성을 쌓던 시절에 가혹한 강제 노동을 견디다 못해 멀리 산속으로 도망친 사람들이 변한 것이라고 한다. 모인은 강건해서 어떠한 무기로도 죽일 수 없었는데, 딱 한 가지 방법으로는 물리칠 수 있었다고 한다. 여러 사람이 모여 손뼉을 치면서 "어서 만리장성을 쌓아라!"하고 외치면 겁을 먹고 멀리 달아난다는 것이다.

맹강녀라는 여인의 전설도 전해져 내려온다. 약혼자가 만리장성 공사에 징발되어 끌려갔는데, 아무리 기다려도 돌아오지 않자 맹강녀는 직접 공사장으로 간다. 거기서 오래전에 약혼자가 죽었음을 알게 된다. 공사 도중 돌이 무너져 깔려 죽었던 것이다. 맹강녀는 약혼자가 묻힌 곳에서 대성통곡을 하며 슬퍼하다가 죽고 말았다. 맹강녀 시신은 다른 인부들이 묻어 주었는데, 그 후로 이상한 일이 벌어졌다. 아무리 돌과 흙을 튼튼히 쌓아도 그녀 무덤 주위에서는 성벽이 계속 무너져 내린 것이다. 사람들은 이 괴현상이 맹강녀의 원한 때문이라며 수군거렸다고 한다.

이 두 이야기에서 당시 중국인들이 얼마나 만리장성 공사에 진저리를 쳤는지 짐작할 수 있다.

진시황은 자신의 제국이 영원하리라 믿었고, 또 그러기 위해 백성들을 가혹하게 혹사해 만리장성을 지었지만, 그의 꿈은 이루어지지 못했다. 그가 죽자마자 만리장성과 아방궁 축조 같은 온갖 노역에 시달려 온 백성들의 분노가 폭발하고, 항우와 유방을 비롯한 지방 유지들이 잇달아 반란을 일으켜 진나라는 건국된 지 불과 15년 만에 완전히 멸망했으니 말이다.

진나라 멸망 이후 만리장성은 방치되어 방어벽이라는 본래의 역할을 제대로 하지 못했다. 설상가상으로 《초한지》의 두 주인공인 항우와 유방의 치열한 쟁패전이 계속되는 동안, 북방에서 힘을 기른 흉노족들이 무너진 만리장성을 자유롭게 넘나들며 중국을 마음껏 침략했다.

■ 한족과 함께 흥망성쇠

만리장성이 제 모습을 찾은 것은 한나라를 세운 유방의

후손 한무제가 집권하고 나서였다. 한무제는 만리장성을 새로이 수리하고 정비하면서 50년이 넘는 재위 기간 동안, 흉노족을 격파하기 위한 대외 원정에 혼신의 힘을 기울인다. 마침내 흉노족을 분열시켜 북흉노는 멀리 서역으로 쫓아내고 남흉노는 복속시키는 데 성공한다.

한무제의 죽음과 후한 왕조의 약화가 가져온 대혼란기인 위, 촉, 오 삼국 시대는 서진 왕조의 통일로 끝났다. 하지만 서진 왕족들은 재위 쟁탈전에 정신이 나가 북방에서 유목 생활을 하던 남흉노와 선비족·창족·저족·갈족, 이른바 5호들을 용병으로 쓰기 위해 불러들였다. 시간이 지나면서 5호는 "더는 한족들의 노예가 되지 말자!"며 민족성에 눈을 뜨는 한편, 한족들에게 반기를 들어 양쯔강 이북 중원을 차지하여 북조北朝라 불리는 여러 나라를 세운다.

5호들이 활개 친 5호 16국 시대에 만리장성은 그다지 쓸모가 없었다. 다만, 양쯔강 이북을 차지한 북위가 몽골초원의 유목민 유연족을 막기 위해 장성 일부를 보수한 것이 고작이었다.

그러다 수, 당나라 시대가 되면서 만리장성은 다시 본래 역할을 하게 된다. 수나라는 돌궐을 막기 위해 수십만의 인력을 들여 장성을 대폭 수리했으며, 당나라도 중기 이후 국력이 약해지면서 동돌궐과 위구르, 거란족의 침입에 시달리자 장성을 고쳐 활용했다.

그러나 송나라는 만리장성을 제대로 써먹지 못했다. 송나라 이전, 후진後晉을 세운 석경당이 자신을 도와준 거란족에게 만리장성 이남의 영토인 연운 16주를 넘겨주는 바람에 거란족은 만리장성이라는 험준한 방어벽에 부딪히지 않고 중원을 마음대로 유린할 수 있는 장점을 얻었던 것이다.

만리장성을 내준 송나라는 한, 당나라와는 달리, 대외 확장을 하지 못하고 줄곧 거란과 여진 등 북방 유목민족의 침략에 고전하다가 1279년, 몽골족이 세운 원나라에 결국 멸망당하고 만다.

1368년 원나라를 몰아내고 한족이 세운 명나라는 북쪽으로 쫓겨난 몽골족들이 다시 남침할 것을 우려해 방비책으로 만리장성에 주목한다. 명나라 최고의 정복 군주였던 영락제는 압록강에서 멀리 서역의 관문인 위먼관玉門關까지 다시 만리장성을 대대적으로 확충, 보강했다. 오늘날 우리가 보는 만리장성은 대부분 진시황이 아니라 이때 만들어진 것이다.

하지만 만리장성을 쌓았다고 외침의 문제가 완전히 해결된 것은 아니었다. 무엇보다 만리장성은 너무나 길었다. 아무리 중국 인구가 많더라도 무려 6400킬로미터나 되는 성벽을 따라 병사들을 빠짐없이 배치할 수는 없는 노릇이었다. 게다가 그들에게 제공할 식량, 옷, 약품 따위의 비용은 또 어디에서 충당한단 말인가? 고심 끝에 명나라 조정은 만리장성을 중심으로 랴오둥과 선주, 쑤저우, 선부, 대동, 타이위안, 연수, 잉허강, 구위안, 간쑤성 등 중요한 곳에 요새를 쌓았다. 적이 장성을 넘느라 지체하는 사이 요새에 주둔하던 군대가 출동해 적을 격퇴하면 된다고 본 것이다.

요새 중에서 중요한 지역은 대동과 선부 그리고 랴오둥이었다. 명나라 중엽까지 외침 세력은 대부분 몽골초원 유목민족인 오이라트와 타타르족이었는데, 이들이 명나라 수도 베이징으로 들어오려면 맨 먼저 거쳐야 할 곳이 바로 베이징 위쪽에 자리한 대동과 선부였기 때문이다.

명나라 말기가 되자 몽골이 아닌 동쪽의 랴오둥 지역이 문제였다. 뛰어난 영웅인 누르하치를 중심으로 단결한 여진족들이 후금을 세워 명을 위협한 것이다. 후금과 국경을 맞

한족 역사와 함께한 만리장성.

댄 랴오둥이 명의 국운을 좌우하는 요충지가 되었다. 1626년 1월 23일, 누르하치는 13만 대군을 이끌고 2만 명이 지키는 영원성으로 진격한다. 영원성은 산하이관 외곽에 위치했는데, 랴오둥의 핵심 요충지였다.

영원성을 지키던 명나라 장수 원숭환은 출중한 인물이었다. 그는 네덜란드식 대포인 홍이포 11문을 미리 준비해 놓고, 누르하치가 오기를 기다렸다. 마침내 여진족이 몰려오자, 홍이포를 일제히 퍼붓고 튼튼하게 보강한 성벽 위에서 화살과 총탄을 쏘아 대며 완강하게 저항했다. 명군과 싸워 한 번도 패한 적이 없던 누르하치도 끝내 신식 무기의 힘은 당해 내지 못했다. 사흘 후인 26일, 군사 수천 명을 잃은 채 철수한다. 일설에 따르면, 이때 누르하치도 홍이포 포탄에 맞아 부상을 입었고, 부상이 악화돼 8개월 후에 죽었다고 한다.

누르하치의 뒤를 이은 후계자 홍타이지皇太極는 국명을 청이라 바꾸고, 아버지처럼 명나라에 도전했다. 그러나 그도 야심을 이루지는 못했다. 명나라 숨통을 끊으려면 뭐니 뭐니 해도 수도인 베이징을 점령해야 하는데, 베이징으로 가기 위해서는 영원성과 산하이관을 반드시 통과해야만 했다. 그런데 산하이관을 지키는 명군이 좀체 길을 내어 주지 않았던 것이다.

산하이관의 굳건한 문은 영영 열리지 않을 것처럼 보였다. 그런데 뜻밖의 일이 벌어졌다. 이자성이 이끄는 농민 반란군이 베이징을 점령하고, 명나라의 마지막 황제 숭정제는 목을 매어 자살해 버린 것이다. 그러자 산하이관을 지키던 명나라 장수 오삼계는 이자성이 세운 정권인 순順에 복수하기 위해 자진해서 청나라를 불러들이고 산하이관의 문을 열었다. 마침내 청나라는 만리장성을 넘어 베이징에 유유히 입성했고, 270여 년간 중국 전체를 다스리는 대제국으로 성장했다. 명나라는 엄청난 노력을 기울여 만리장성을 쌓고도 그것을 제대로 활용 못해 운이 다한 것이다.

청나라 시대에 이르러 만리장성은 다시 그 가치를 잃는다. 한, 당, 명나라 때에는 북방 유목민족을 막기 위한 방어선으로 만리장성이 필요했지만, 청나라는 몽골족을 비롯한 북방 민족을 완전히 제압한 상황이어서 더는 만리장성이 필요하지 않았던 것이다.

이후 많은 세월이 흐른 지금, 만리장성은 관광객들을 끌어모으는 유적지로서만 빛을 내고 있다.

솔로몬 성전 이후 최고의 건축물, 앙코르와트

수리야바르만 2세도 자야바르만 2세의 뜻을 이어 왕권의 신성함을
강조하는 작업을 이어 갔는데, 그 결과물이 바로 12세기 초에 건립한
앙코르와트다. 당시 크메르족은 왕과 유명한 왕족이 죽으면 그들이 믿던
신과 하나가 된다고 믿었다. 수리야바르만 2세는 힌두교 주신 중 하나인
비슈누와 합일하기 위해 앙코르와트를 세웠던 것이다.

앙코르와트.

신혼 여행지로 인기 많은 곳 중 하나가 동남아시아 지역이다. 캄보디아도 그중 하나인데, 캄보디아 관광 코스에 으레 끼는 곳이 앙코르와트다. 지금 캄보디아는 가난한 작은 나라이지만, 한때는 크메르제국이 존재했을 정도로 동남아시아에서 가장 강력하고 넓은 영토를 가진 나라였다.

왕권 강화를 위해 지어진 신전

기원후 706년경 등장한 수진랍 왕국의 자야바르만 2세(Jayavarman II, 재위 802~834)는 주변 부족들을 정복해 크메르제국의 기초를 다진다. 그는 메콩강 유역의 비옥한 습지를 개발해 농경지로 활용하였고, 그 땅에서 크메르인들은 1년에 3모작까지 할 수 있었다. 풍부한 농업 생산력을 기반으로 크메르제국은 인구를 늘리고 대규모 군대도 편성하면서 국력을 키워 나갔다.

또한, 자야바르만 2세는 인도에서 들어온 힌두교를 받아들여 왕권 강화에 이용했다. 그는 힌두교 신 중 시바(파괴의

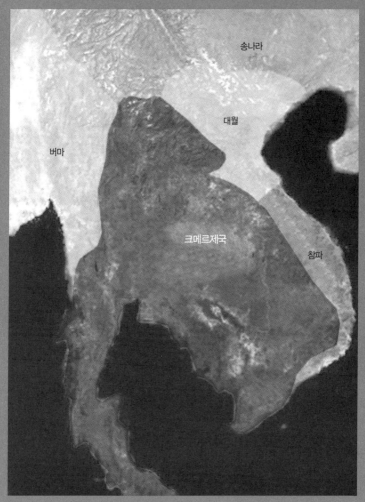

송나라

대월

버마

크메르제국

참파

■ 지금은 가난한 나라에 속하지만 과거 캄보디아에는 거대한 제국 크메르가 있었다. 진하게 표시된 것이 크메르제국 영토다.

신)를 열렬히 신봉해 시바를 섬기는 사원을 쿨렌Kulen 산 정상에 짓고, 자신을 시바의 화신이라고 선언했다. 왕을 신격화한 것이다.

수리야바르만 2세도 자야바르만 2세의 뜻을 이어 왕권의 신성함을 강조하는 작업을 이어 갔는데, 그 결과물이 바로 12세기 초에 건립한 앙코르와트Angkor Wat다. 당시 크메르족은 왕과 유명한 왕족이 죽으면 그들이 믿던 신과 하나가 된다고 믿었다. 그래서 왕들은 자기와 합일하게 될 신의 사원을 짓는 풍습이 있었는데, 수리야바르만 2세는 힌두교 주신 중 하나인 비슈누와 합일하기 위해 앙코르와트를 세웠던 것이다.

캄보디아 왕들 이름에 공통으로 들어가는 바르만Varman은 '가호를 입다'는 뜻이다. 그러니 수리야바르만은 곧 '힌두교의 태양신인 수리야의 가호를 받는 자'라는 의미가 된다. 하지만 수리야바르만 2세는 수리야보다는 비슈누를 더 숭배했던 모양이다.

힌두교 종파는 수백 개이며, 비슈누와 시바를 섬기는 교단에 신도 수가 많다. 그중 비슈누는 악마들에게서 인간과 세계를 지키기 위해서 수미산에서 지상으로 내려와 인간이나 다른 생명체로 아홉 번이나 변신한다고 전해진다. 놀랍

게도 그중 네 번째가 샤카인데, 이는 불교 창시자인 부처를 가리킨다. 이 때문에 인도에서 불교는 힌두교의 한 종파쯤 으로 여긴다.

수리야바르만 2세는 세계를 지탱하는 비슈누처럼 자신도 강력한 힘으로 크메르제국을 강하게 만들어 세상을 지배하 겠노라는 야심을 품고서, 비슈누의 가호를 받기 위해 앙코 르와트를 건설한 것이다. 진짜 의도는 수호신인 비슈누와 하나가 됨으로써 백성들이 자신에게 절대 복종하게 하려는 데 있었지만 말이다. 스스로를 부처의 화신이라 주장하며 백성들에게 왕즉불王卽佛, 즉 왕이 곧 부처라는 사상을 주

입하며 절대 왕권을 구축하려 한 신라의 왕들처럼 수리야
바르만 2세도 자신을 살아 있는 신이라고 과감히 선언한
것이다.

━ 솔로몬 성전 이후 최고의 건축물

총면적 65만 평에 이르는 앙코르와트는 폭 200미터의 해
자로 둘러싸여 있다. 사원 안에는 여러 탑이 있는데, 그중에
는 비슈누가 산다는 신화 속의 수미산을 상징하는 높이 65
미터의 거대한 탑도 있다.

앙코르와트의 주된 재료는 쿨렌 산에서 가져온 사암 덩
어리이며, 완공하는 데 30년이 걸렸다고 한다. 이집트 피
라미드에 비견될 정도로 막대한 인력과 물자가 투입된 대
공사였다.

이러한 사원 건축은 당시 무서운 기세로 팽창하던 크메르
제국의 강성함을 나타낸 것이다. 앙코르와트를 짓도록 한
수리야바르만 2세는 동쪽의 대월(베트남)과 참파(베트남 남
부에 있던 왕국), 서쪽의 버마와 타이족, 남쪽 말레이 지역까
지 공격하여 복속시켰다.

앙코르와트 내부 벽에는 코끼리를 탄 크메르제국의 왕과

앙코르와트에 새겨진 크메르 군사들의 모습.

창을 들고 행군하는 군사들 모습 등 당시 크메르인들의 생활 모습이 상세히 조각돼 있다. 중국 역사서《송사宋史》에 따르면, 당시 크메르제국에서 전쟁터로 내보내는 코끼리가 무려 20만 마리나 되었다고 한다. 다소 과장되었더라도 크메르제국의 군사력과 국력을 짐작할 수 있는 수치다.

13세기, 원나라 사신 주달관이 쓴《진랍풍토기眞臘風土記》를 보면 번영을 누리던 크메르제국의 모습이 생생히 묘사되어 있다.

"왕이 행차할 때면, 왕족과 귀족, 신하, 병사들도 따라 나선다. 왕족과 귀족과 신하들은 코끼리를 타고 가는데, 뜨거운 햇볕을 가려 주는 붉은색 해가리개(日傘)가 수풀처럼 우거져 보일 정도다. 왕비와 후궁들을 태운 가마 수백 개가 그 뒤를 잇는다.
행렬의 마지막을 장식하는 것은 주인공인 왕인데, 보검을 손에 든 왕이 흰 코끼리를 타고 나타난다. 그 코끼리는 온몸이 황금으로 장식되었고, 그 빛이 너무 눈부셔 쳐다볼 수 없을 지경이다. 왕을 가려 주는 해가리개 20개도 모두 금으로 입혔다. 왕이 지나가는 길 옆으로는 백성들이 이마를 땅에 대고 엎드려 절하고 있었다."

왕들의 권위와 크메르제국의 부강함이 어느 정도인지 짐작이 가는 대목이다. 16세기 중엽, 명나라 학자 사조제는 자신의 책《오잡조五雜組》에서 "진랍(캄보디아) 보다 부유한 민족은 없다"고 평가했는데, 중화사상으로 무장한 자존심 강한 중국인들도 인정할 정도로 캄보디아는 부강했다.

그러나 여느 제국들의 운명처럼 크메르제국의 영화도 계속될 순 없었다. 베트남과 태국 등 주변국의 침략에 시달리며 캄보디아는 피폐해져 갔다.

14세기 들어서는 새로이 등장한 아유타야(태국)의 침략에 시달렸고, 1431년에는 아유타야에 수도마저 빼앗긴다. 수도를 로벡Lovek으로 옮겼지만 이곳도 1594년에 아유타야에 함락되고 만다. 17세기에는 동북쪽에서 남하한 베트남의 공세에 곤욕을 치른다. 1658년 베트남과 벌인 전쟁에서 참패해 국왕 앙짠이 포로로 되기도 한다. 결국, 18세기에는 베트남에 사이공과 메콩강 지역을 모두 빼앗긴다. 19세기 무렵, 캄보디아는 서쪽으로는 태국, 동쪽으로는 베트남의 압박에 시달리며 프랑스에 보호를 요청할 정도로 쇠약해지고 말았다.

캄보디아를 방문한 19세기 프랑스 고고학자 앙리 무오 Henri Mouhot는 앙코르와트를 본 소감을 이렇게 말했다.

"이 놀라운 사원은 솔로몬 왕이 세운 성전을 제외하면 고대 그리스와 로마의 어떤 건축물보다 훌륭하다. 미켈란젤로의 조각상보다 멋진 조각들이 끝없이 이어져 있다. 슬픈 일은 현재 쇠퇴해 가고 있는 캄보디아 현실과 앙코르와트의 경치가 너무나 대조적이라는 사실이다."

제국의 흔적은 사라졌지만, 동남아에서 우뚝 서려 했던 수리야바르만 2세의 야심은 앙코르와트와 함께 여전히 남아 있다. 동남아 하면 값싼 여행지라고만 생각할 분들도 있겠지만, 그곳에도 이처럼 강성한 제국의 역사와 그들이 남긴 훌륭한 문화유산이 있음을 기억해야 할 것이다.

태양이 되려던 어느 왕의 꿈,
베르사유 궁전

루이 14세가 베르사유를 고집한 이유는 무엇일까. 그것은 루이
14세의 정복욕과 과시욕 때문이었다. 사람이 살기 어려운 곳에
훌륭하고 휘황한 궁전이 들어서고 그곳이 번화가로 변한다면 얼마나
멋진 일이겠는가.

베르사유 궁전

프랑스 관광 명소 하면 베르사유 궁전을 첫손가락으로 꼽을 것이다. 그런데 이 아름답고 화려한 궁전에 관한 유명한 속설이 하나 있다. 화장실이 없었다는 것이다. 그래서 궁전을 방문한 귀족들은 아무 곳에서나 용변을 보았고, 그 때문에 정원은 똥밭이나 다름 없었다는 얘기다.

베르사유 궁전은 똥밭?

이 얘기가 정말 사실일까? 결론부터 말한다면 아니다. 루이 14세가 베르사유 궁전을 막 짓도록 한 17세기 말경에는 수세식 화장실이 아직 없었다. 왕은 궁궐 안 작은 방에 들어가 요강처럼 생긴 휴대용 변기에다 용변을 보았고, 이 배설물들은 궁 안의 밀실에 모였다가 궁전 밖 외진 곳에 버려졌다.

프랑스 대혁명이 일어난 직후인 1792년 무렵에는 리외 앙글레lieu anglais라는 수세식 화장실이 베르사유 궁전 안에 약 100개나 있었다. 다소 사치스러웠던 마리 앙투아네트 왕비는 이런 수세식 화장실을 자주 이용했다고 한다.

참고로 유럽의 수세식 화장실은 1596년, 기사 작위를 받은 영국(잉글랜드)의 존 해링턴John Harington 경이 엘리자베스 1세 여왕이 사는 리치몬드 궁전에 처음 설치했다. 피스톤을 눌러서 물을 끌어 올리는 방식이었다. 1775년에는 알렉산드로스 쿠밍스라는 사람이 지금과 같은 양변기 방식의 화장실을 지어 특허를 냈다고 한다.

이렇게 볼 때 베르사유 궁전 정원이 오물로 뒤덮여 있었다거나, 유럽에 수세식 화장실이 19세기에야 비로서 생겨났다는 말은 잘못 알려진 것이다. 19, 20세기에 베르사유 궁전의 북쪽과 남쪽을 대대적으로 보수하는 과정에서 수세식 화장실이 설치된 방이 대부분 철거되어 그런 오해가 불거진 것이다.

■ 세계를 제패하고 싶었던 어떤 왕의 꿈

그런데 베르사유 궁전은 어떠한 목적으로 지어졌을까? 루이 14세가 그저 후손들의 관광 수입을 올려 줄 요량으로 막대한 인력과 자금을 들여 지은 것은 아닐 텐데 말이다. 루이 14세는 프랑스가 유럽을 비롯한 세계를 지배하는 강력한 제국으로 발돋움하고, 그 제국을 자신이 다스리겠다는 야심을

■ 웅대한 궁전을 지어 프랑스 위상을 드높이려 한 루이 14세. 1701년 리가우드 그림.

담아 베르사유 궁전을 지었다. 곧 그는 세계의 '왕'이 되고 싶었던 것이다.

베르사유 건축은 1661년부터 시작되었다. 루브르와 튈르리 두 곳에 이미 궁전이 있었지만, 루이 14세는 새로이 베르사유에 궁전을 짓도록 했다. 그 이유는 루이 14세가 파리를 벗어나고 싶었기 때문이다. 여기에는 그만한 배경이 있다. 1648년, 국왕을 몰아내려고 귀족과 민중들이 프롱드의 난을 일으키자, 루이 14세는 황급히 파리를 떠나 4년간 파리 외곽의 뱅센 성과 생제르맹 성을 오가면서 방랑 생활을 했다. 1653년 난이 진압되어 파리로 돌아왔지만, 루이 14세는 여전히 자신에게 적대적인 사람들로 가득 찬 파리에 있는 것이 불안했다. 언제 또 반란이 터질지 알 수 없었기 때문이다.

더군다나 당시 파리는 온갖 범죄가 들끓는 위험한 곳이었다. 파리에 체류하던 베네치아 대사 비스콘티가 "파리는 강도와 살인자들의 소굴이다. 죽을 각오를 하지 않으면 밤에는 도저히 집 밖으로 나갈 엄두가 나지 않는다"고 할 정도로 치안이 불안했다.

이런 이유로 루이 14세는 평화로운 곳에 새로운 수도와 궁전을 건설하고 그곳에서 꿈과 이상을 마음껏 펼치기를 간절히 바랐다. 하지만 새 궁전 부지로 설정된 베르사유는 주변 환경이 무척 나빴다. 일단 사람이 거의 살지 않는 황무지였다. 그럴 만한 것이 숲이 우거지고 늪과 모래밭이 많은 데다 습도가 높아 모기와 파리 같은 해충들이 들끓었다. 또 여름에는 지독히 더웠다.

그런데도 루이 14세가 베르사유를 고집한 이유는 무엇일까. 그것은 루이 14세의 정복욕과 과시욕 때문이었다. 사람이 살기 어려운 곳에 훌륭하고 휘황한 궁전이 들어서고 그곳이 번화가로 변한다면 얼마나 멋진 일이겠는가. 루이 14세를 곁에서 지켜본 생시몽 공작이 회고록에서 "왕은 인간의 힘과 의지로 자연을 지배하고 싶어 했다"고 밝힌 것으로도 루이 14세가 베르사유에 궁전을 지은 동기를 짐작할 수 있다.

■ 50여 년에 걸쳐 완성된 역작

궁전 건축은 1661년 정원을 조성하는 작업으로 시작된다. 정원은 3년 정도 걸려 완성되었는데, 그 직후에 루이 14세는 닷새 동안 귀족과 신하, 관료 600명을 정원으로 초대해 '마법에 걸린 섬의 향연'이라는 무도극과 가면무도회를 열

었다. 1667년에는 거대한 연못을 운하로 연결하는 공사가 벌어졌다. 1677년 루이 14세는 베르사유에 새로운 궁전을 짓겠노라 정식으로 발표하고, 본격적으로 공사에 들어간다.

마침내 1682년 5월 6일, 루이 14세는 베르사유로 거처를 옮겼다. 1689년에는 220개의 거처와 450개의 방 등 5000명을 수용할 수 있는 곳으로 완공되어 파리에 살던 귀족 대부분이 베르사유로 자리를 옮겼다.

베르사유 궁전은 1661년부터 1715년까지 54년에 걸쳐 완공되었고, 이를 위해 매일 인부 3만 6000명과 말 6000필이 동원되었다. 공사비는 8200만 리브르였다. 당시 유럽 최강대국이었던 프랑스가 투입할 수 있던 국력을 전부 쏟아 부은 대역사였던 셈이다.

궁전의 전체 형태는 한글 'ㄷ' 자와 비슷하다. 대리석이 깔린 넓은 안뜰을 중심으로 양쪽에 43개의 처소가 배치돼 있다. 궁전을 방문한 손님을 맞는 응접실과 대기실, 왕과 왕비가 머무는 처소와 궁을 경비하는 보초실, 중요한 국가 정책을 결정하는 회의실, 프랑스와 유럽에서 가장 훌륭한 화가들이 그린 명화들로 가득 찬 방과 밤마다 왕족 수천 명과 귀족이 참석하는 무도회 방 등이다.

사실 베르사유 궁전은 그 자체가 하나의 예술품이라고 해도 과언이 아니다. 특히, 정원의 숲이 매우 이색적인 형태로 조경돼 있다. 그 형태는 원과 정사각형을 기본으로 타원형과 삼각형 등 다양하다. 인위적인 전망을 배제한 동양의 정원과 달리, 루이 14세가 설계에 참여한 베르사유 정원은 인간의 의지로 자연을 정복하고 통제한다는 열정을 고스란히 담고 있다. 애초에 베르사유 궁전 자체가 불모의 땅에 세워진 것이었지만 말이다.

궁전에서 가장 중요한 곳을 꼽으라면 '거울의 방'이다. 이 방은 73미터의 회랑으로 둘러싸여 있는데, 외교 사절 접대나 왕족 간의 결혼식 등 국가적인 중대사가 개최되는 곳

■ 화려함의 극치를 보여 준 베르사유 궁전의 '거울의 방'.

이었다. 스페인 공주 출신인 루이 14세의 왕비 마리 테레즈
는 '거울의 방' 남쪽에 설치된 '평화의 방'에서 지냈는데
그녀가 죽은 후 이 방은 거울의 방 북쪽에 있던 루이 14세
의 거주지인 '전쟁의 방'과 합쳐져 사라졌다. 오래 집권하
면서 루이 14세는 유럽을 군사적으로 지배하려는 전쟁에 몰
두했고, 자연히 전쟁의 방을 멋지고 아름답게 꾸미는 데 많
은 관심을 기울였다.

전쟁의 방에서 가장 돋보이는 장식은 말에 탄 루이 14세
가 프롱드의 난을 일으킨 반란군 두 명을 말발굽으로 짓밟
고 있는 조각상이다. 여기서 루이 14세의 얼굴은 로마 신화

에서 전쟁의 신인 마르스와 비슷하게 묘사되어 있다.

루이 14세의 전쟁을 통한 권력과 지배욕은 거울의 방에서도 잘 드러난다. 이 방에는 천장화를 포함해 모두 27점의 그림이 천장과 벽에 그려져 있다. 1659년 6월 4일 스페인 영토인 아르투아를 얻고 스페인 공주 마리 테레즈와 결혼하게 된 피레네 조약과, 1678년 부르고뉴를 합병한 네이메헌 화약 등 주로 루이 14세가 인근 국가들과 싸워 승리한 내용이었다.

▬ 오직 왕을 위한 공간

베르사유 궁전은 전체적으로 루이 14세가 지배하고 군림하는 장소였다. 광대한 궁전의 주인은 오직 한 명, 루이 14세였고 나머지 귀족들은 그의 들러리나 마찬가지였다.

루이 14세는 항상 아침 8시에 일어나 밤 12시에 잠자리에 들었다. 그동안 귀족들은 반드시 왕의 곁에 붙어 있어야 했다. 왕의 시중을 드는 의상 담당관이나 수석 침전 시종, 식사 시종도 모두 귀족이었다는 점이 흥미롭다. 귀족들이 왕의 뒤치다꺼리를 했던 것이다. 선왕인 루이 13세까지만 해도 반란을 일으킬 정도로 위세가 당당했던 귀족들의 기를

■ 베르사유 궁전 정원. 자연의 멋을 살린 동양의 정원과 달리, 인공적인 형태로 조성된 것이 특징이다. 자연을 지배하려던 루이 14세의 생각을 엿볼 수 있다.

그렇게 눌러 놓았으니 루이 14세의 권력 장악이 어느 정도 였는지 짐작이 된다. 이처럼 겉보기와 달리 베르사유 궁전은 오직 왕을 위한 공간이었다.

그러나 세계를 제패하려던 루이 14세의 꿈은 불행히 끝내 이루어지지 못했다. 그의 치세 말년에 스페인 왕위 계승을 놓고 벌인 스페인 왕위 계승 전쟁(1701~1714)에서 프랑스는 앙숙인 영국과 오스트리아, 프로이센 동맹군과 벌인 전쟁에서 패배하고 말았다. 그로 인해 증손자 필리프를 스페인 왕으로 앉혀 프랑스와 스페인을 통합하려던 루이 14세의 야망은 수포로 돌아갔다. 이로 인해 루이 14세는 실의에 빠져 죽고 말았다.

▬ 져 버린 '태양'

루이 14세가 죽은 후, 프랑스 국력은 점점 기울어졌다. 루이 14세의 뒤를 이은 루이 15세는 증조부가 베르사유 궁전 건축과 스페인 왕위 계승 전쟁을 치르느라 남긴 엄청난 빚더미에 깔려 신음하다가 쓸쓸히 눈을 감았다. 그의 아들인 루이 16세는 왕정을 부정하는 대혁명에 휩쓸려 목숨을 잃고 종국에는 프랑스 왕실 자체가 무너졌다.

혁명의 혼란을 틈타 집권한 나폴레옹의 제정마저 영국이 중심이 된 연합군에게 패망당하면서, 프랑스는 영국과 벌인 경쟁에서 패배하고 유럽에서 지배권을 잃게 되었다.

오늘날 프랑스는 매우 서글프다. 유럽연합 안에서는 독일에 주도권을 빼앗기고, 밖으로는 미국과 중국에 쩔쩔맨다. 2008년에는 사르코지 대통령이 직접 중국으로 달려가 달라이 라마와 티베트 문제에 관여하지 않을 테니, 제발 프랑스제 여객기를 사 달라고 머리를 조아렸을 정도다. 프랑스가 자랑스럽게 내세웠던 자유와 인권의 기치마저 포기한 셈이다. 또 국내에선 높은 실업률과 재정적자가 발목을 잡고 있다. 한때 유럽과 세계를 주무르던 강대국 프랑스의 위상은 이제 베르사유 궁전에서나마 희미하게 느낄 수 있을 뿐이다.

4부 **적을 염탐하려다
소통의 도구가 되다**

암호 해독기에서 출발한
컴퓨터

콜로서스는 영국군에 큰 도움이 되었다. 독일군의 암호가 모두
해독되어 그들의 상황을 상세히 파악할 수 있었다. U보트가 배치되는
지점을 알아내어 독일군을 역습했으며, 독일군 명장 롬멜 장군이
건강이 나빠져 독일로 돌아갔다는 정보를 입수하고 북아프리카
전선에서 독일군을 궤멸하기도 했다.

적의 군대 이동이나 작전 계획 등을
알아내는 첩보전은 예나 지금이나 매
우 중요한 군사 전략이다. 첩보전이
절정에 달한 것은 2차 대전 때인데,
당시 독일 해군은 전기 기술자인 아
르투르 슈르비우스Arthur Scherbius가
1920년에 개발한 암호 기계인 에니

■ 컴퓨터.

그마Enigma를 이용해 유럽 각지에 있던 아군에게 암호를 보
내고 있었다.

■ 독일 암호기에 맞선 영국

에니그마는 스크램블러와 반사판, 배전판 등으로 이루어
져 있으며, 숫자와 알파벳으로 조합된 암호문을 최대 24해
까지 보낼 수 있었다.

에니그마 암호문을 처음 입수한 영국군 첩보부 MI6은 충
격을 받았다. 암호문이 너무 복잡하고 난해해서 해독하려면
족히 2년은 걸리리라 예상했기 때문이다. 하지만 하루가 급
한 전시 상황에서 그렇게 시간을 허비할 수는 없는 노릇이
었다. 1939년 9월 4일부터 영국 정부는 에니그마에서 발송

해독기를 발명한 앨런 튜링.

되는 독일군의 암호를 풀기 위한 작업에 들어갔다. 영국 본토만이 아니라 캐나다와 인도, 이집트 등 영국 식민지에서도 수학과 전기 공학에 능한 과학자들이 영국 정부의 요청을 받고 런던 외곽의 블레칠리 파크에 세운 비밀 연구소로 모여들었다.

영국 정부가 이처럼 필사적으로 암호 해독에 매달린 이유는 바로 독일군의 U보트 작전 때문이었다. 전쟁 당시 영국은 군수 물자와 식량을 대부분 대서양 건너 미국에서 공급받고 있었는데 독일군이 이 보급선을 끊으려 했던 것이다. 독일군은 대서양 주요 해로마다 잠수함 U보트를 배치해, 영국으로 향하던 미국 화물선들을 보이는 족족 침몰시켜 버렸다.

이런 배경에서 결성된 영국군 암호 해독팀에서 돋보이는 인물이 있었으니, 인도 출신인 천재 수학자 앨런 튜링Alan Turing이었다. 튜링은 1939년에 봄브Bombe라는 암호 해독기를 만들어 냈다. 봄브는 한 시간에 암호 5858개를 해독했으며, 이 기계 덕에 영국군은 독일군의 암호 체계를 효과적으로 파악할 수 있었다. 영국과 동맹을 맺은 미국 육군과 해군도 봄브를 사용했다.

그러나 1941년 12월부터 독일군이 기존의 암호문을 폐기하고 새로운 암호 체계를 사용하자, 봄브는 쓸모를 잃는다. 독일군이 유럽과 북아프리카 대륙으로 파죽지세로 뻗어 나가자 영국군은 더더욱 초조해졌다. 다급해진 영국 첩보부는 새로운 해독기를 만들라며 튜링을 비롯한 암호 해독 연구자들을 닦달했다.

마침내 1943년 12월, 튜링은 최첨단 암호 해독기인 '콜로서스Colossus 1호'를 개발하는 데 성공했다. 이 해독기는 진공관 1500개로 이루어졌는데, 역시 진공관을 사용한 미국의 에니악ENIAC보다 3년 앞선 것이었다. 1944년 2월에 개발된 콜로서스 2호는 진공관 2400개로 이루어졌으며, 1호기보다 연산 속도가 5배나 빨랐다.

컴퓨터 연구가들 사이에서는 콜로서스를 컴퓨터 범주에 넣어야 할지 말지를 놓고 오랫동안 논란이 계속되었다. 이 논의에서 중요한 점은 콜로서스와 세계 최초의 컴퓨터 에니악의 동작 원리가 동일하다는 사실이다. 이런 이유에서 많은 연구가가 콜로서스가 에니악보다 먼저 출현한 현대 컴퓨

콜로서스 2를 다루는 연구원들.

터의 시초라고 주장한다.

　콜로서스는 영국군에 큰 도움이 되었다. 독일군의 암호가 모두 해독되어 그들의 상황을 상세히 파악할 수 있었다. U 보트가 배치되는 지점을 알아내어 독일군을 역습했으며, 독일군 명장 롬멜 장군이 건강이 나빠져 독일로 돌아갔다는 정보를 입수하고 북아프리카 전선에서 독일군을 궤멸하기도 했다.

　콜로서스를 만든 튜링은 1990년대가 되면 인간과 지능이 같은 인공지능이 탄생할 것이라고 예측했다. 그 말이 아직 실현되지는 않았지만, 컴퓨터와 로봇 연구가들은 2040년대면 인공지능이 출현하리라고 내다보고 있다.

━━ 동성애자 천재의 죽음

　그러나 2차 대전의 숨은 영웅인 튜링은 그만한 대접을 받지는 못했다. 전쟁이 끝난 후 동성연애자라는 사실이 밝혀지면서, 하루아침에 범죄자로 전락하고 말았다. 1950년대 엄격하고 보수적인 영국 사회에서 동성애는 범죄였다. 이로 인해 튜링은 감옥에 갈지 아니면 여성 호르몬을 맞고 성욕을 없애는 수술을 받을 것인지를 선택해야 하는 기로에 놓인다. 차마 감옥에 갈 수 없었던 듀링은 여성 호르몬 맞는 쪽을 택했다. 이 과정에서 주사를 너무 맞아 가슴이 여성처럼 부풀어 오르는 부작용을 겪기도 했다. 굴욕감을 느낀 듀링은 1954년 6월 7일, 청산가리를 주입한 사과를 먹고 자살한다.

사회적 차별 때문에 천재는 안타깝게 스러졌지만, 그가 이룩한 업적만은 사라지지 않았다. 진공관을 이용한 계산 원리가, 지금 우리가 사용하는 모든 컴퓨터에 녹아들어 있기 때문이다. 일설에 따르면 스티븐 잡스가 한 입 베어 문 사과를 애플사 로고로 삼은 이유가, 사과를 먹고 자살한 듀링을 기리기 위해서라고 한다. 2009년 11월 17일, 영국 고든 브라운 총리는 듀링 유족들에게 그의 죽음에 관해 사과하는 성명을 발표했다.

소련을 무너뜨린 라디오 방송, 미국의 소리

1928년 마침내, CBS 라디오 방송국이 창립되면서 미국에서는 본격적인 라디오 상업방송 시대가 열렸다. 그러나 막 발을 뗀 라디오 방송은 2차 대전이라는 거대한 광풍에 휘둘리고 말았다. 라디오 방송이 정권의 선전, 선동을 위한 도구로 악용되었던 것이다.

■ 라디오.

19세기 무렵 위대한 발명품이 속속 등장했는데, 그중 하나가 라디오다. 인터넷과 트위터에 길들여진 현대인들이 보기에 라디오는 이제 시시한 옛것일 수 있겠지만, 인류 문명사를 놓고 보면 이만큼 획기적인 발명품도 없을 것이다. 인류는 수천 년간 말이나 비둘기 같은 동물의 힘을 빌려 서로 소식을 주고받았다는 사실을 떠올려 보시라.

■ 라디오의 탄생

발생하는 전파를 수신해 소리로 변환하는 라디오의 원리를 최초로 발견한 사람은 영국의 데이비드 E. 휴즈David E. Hughes였다. 1878년 휴즈는 자신이 개발한 마이크microphone를 놓고 실험하던 도중, 탄소 반응으로 발생한 불꽃의 소리가 수신기에서 들릴 수 있다는 사실을 발견했다. 그리고 이러한 원리를 응용한다면 마이크로 들을 수 있는 거리보다 훨씬 먼 거리에서도 소리를 들을 수 있다는 사실을 알게 되었다.

세계 최초의 라디오는 1894년, 크로아티아 태생의 천재 과학자 니콜라 테슬라Nikola Tesla가 발명했다.

테슬라는 1897년에 라디오에 대한 특허를 신청했으나, 공교롭게도 이탈리아의 굴리엘모 마르코니Guglielmo Marconi가 1896

■ 최초로 라디오를 발명한 테슬라.

년에 라디오를 만들어 무산된다. 테슬라는 자신이 마르코니보다 앞서서 라디오를 발명했다는 사실을 증명하기 위해 많은 노력을 기울였다. 테슬라가 죽은 1943년에야 미국 대법원은 테슬라가 마르코니보다 먼저 라디오를 개발한 사실을 인정하고 특허번호 645576을 주었다. 하지만 아직도 많은 이가 이런 사실을 모른 채 마르코니를 라디오의 최초 발명자로 알고 있다.

■ 선전, 선동용으로 악용된 라디오

1906년 미국의 웨스팅하우스Westinghouse 회사는 크리스마스이브를 맞아 매사추세츠에서 최초의 라디오 방송을 진행했다. AM 주파수에 맞춘 방송이었다. 14년 후인 1920년 1월, 웨스팅하우스는 워싱턴의 애너코스티아Anacostia 해군 비행장에서 군악대 연주도 방송했다. 이해 10월 14일에는 스키넥터디(뉴욕 중부 도시)에 있는 유니온 칼리지Union College에 다니는 학생 웬델 킹Wendell King이 개인 편지를 읽어 주는 최초의 대학 방송을 하기도 했다.

1928년 마침내, CBS 라디오 방송국이 창립되면서 미국에서는 본격적인 라디오 상업방송 시대가 열렸다. 그러나 막발을 뗀 라디오 방송은 2차 대전이라는 거대한 광풍에 휘둘리고 말았다. 라디오 방송이 정권의 선전, 선동을 위한 도구로 악용되었던 것이다.

특히, 1934년 집권한 독일 나치당은 라디오를 잘 활용했다. 1차 대전의 패배로 절망감에 빠져 있던 독일 국민들을 부추겨 전쟁 분위기를 고조시키는 한편, 히틀러를 맹목적으로 숭배하게 만들었다. 이를 위해 당시 나치 선전부 장관이던 괴벨스는 모든 가정에 라디오를 나눠 주었고, 매일 히틀러의 연설을 듣도록 지시했다. 히틀러는 늘 다음과 같은 논지로 격렬하게 외쳐 댔다.

"우리 독일인은 그 옛날 세계를 지배했던 위대한 아리안족의 후예이며, 언제나 역사의 승리자로 군림해 왔다. 그런 우리가 전쟁에 패한 것은 우리를 두려워한 비열한 유대인들의 모략 때문이다. 유대인이 지배하는 서방 세계와 공산주의 소련을 물리치고 독일과 유럽은 물론 전 세계를 우리가 선도해야만 인류의 빛나는 미래가 시작된다. 단 한 번 전쟁에 졌다고 절망하지 마라. 우리에게는 다시 싸워서 승리할 수 있는 힘이 있다. 독일 민족이여, 잠에서 깨어나라!"

또한 히틀러는 독일 국민들이 클래식을 좋아한다는 점을 노려, 베토벤과 바그너 같은 거장들이 남긴 음악을 게르만 족의 우월성과 연관 지어 이용했다. 나치 치하에서 결성된 청소년 조직인 히틀러 유겐트Hitler-Jugend 대원들은 1938년부터 의무적으로 베토벤 교향곡이 연주되는 콘서트에 2박 3일 동안 숙식을 하면서 참가해야 했다. 나치는 베토벤 교향곡 〈영웅〉과 〈운명〉, 〈합창〉이 가진 본래 의미를 왜곡해 "너희들은 전쟁에 참가할 운명을 타고 났으니, 전쟁에서 영웅처럼 싸우고 결코 굴복해서는 안 되며, 반드시 승리자가 되어야 한다. 그러면 환희의 합창을 부르게 된다"며 청소년들을 선동했다.

음악을 이용한 선전술은 군인들에게도 적용되었다. 1944년, 연합군의 노르망디 상륙 작전이 시작되었다. 이때 프랑스 해안에서 연합군을 맞아 싸우던 독일 병사들은 나치의

라디오를 선전 도구로 악용한 히틀러.

입맛에 맞게 왜곡된, 어용 교수들의 음악 해설을 라디오로 들으면서 각오를 다졌다고 한다. "베토벤이 가르쳐 준 게르만 민족의 아름다운 정신을 지키기 위해 반드시 싸워 이겨야 한다!"면서 말이다.

━━ 국민들을 뭉치게 한 스탈린의 라디오 연설

역설적이게도 독일군과 가장 치열하게 싸웠던 소련에서 라디오는 더 큰 효과를 발휘했다. 1941년, 독일군의 거센 파도와 같은 공세에 소련군은 속수무책으로 밀려나고 있었다. 10월 2일에는 독일군이 모스크바 근처까지 진격해 왔다. 당시 독일군은 보병 107만 명과 전차 1700대, 대포 1만 9450문, 전투기와 폭격기 950대를 갖추고 있었다. 반면, 소련은 보병 80만 명과 전차 770대, 대포 9150문, 전투기 364대밖에 없는 상황이었다.

눈앞에서 독일군을 본 모스크바 시민들은 공황 상태에 빠졌다. 약삭빠른 몇몇 사람은 가재도구와 재산을 챙겨 피난 갈 준비를 서둘렀다. 그러나 소련의 최고 통치자 스탈린은 끝내 모스크바를 떠나지 않고, 수도와 운명을 함께하기로 마음먹었다. 그는 11월 7일 아침 8시를 기해 모스크바의 붉은광장에서 군사 퍼레이드를 펼치고 이를 라디오로 생중계해, 국민들의 사기를 북돋운다는 대담한 계획을 세웠다. 11월 7일 아침, 라디오 방송국 진행자 유리 레비탄은 이 광경을 열정적으로 중계했다.

"여러분, 지금 모스크바의 붉은광장에서 붉은군대 수십만 명이 조국을 지키겠다는 군가를 부르며 행진하고 있습니다. 나치의 악랄한 만행에도 용감한 붉은군대는 꿋꿋하게 버텨 낼 것입니다. 그리고 스탈린 대원수가 군대를 사열하고 있습니다. 스탈린 대원수는 나치의 위협에도 끝내 모스크바를 버리지 않고, 조국과 운명을 함께하기로 밝혔습니다. 우리도 스탈린 대원수와 함께 조국 러시아를 목숨으로 지켜 내야 합니다!"

스탈린의 연설이 그 뒤를 이었다.

"히틀러와 나치는 실패할 것입니다. 그들은 러시아의 힘을 모릅니다. 그 옛날 나폴레옹도 60만 대군을 이끌고 러시아를 침략했지만, 끝내는 러시아 땅에서 모두 소멸하고 말았습니다. 러시아는 나폴레옹을 물리치고 유럽의 민중들에게 자유를 주었습니다. 지금도 그와 같습니다. 히틀러는 전 유럽을 포악한 군홧발로 짓밟고 있으나, 결국은 우리 러시아에서 최후를 맞이하게 될 것입니다. 우리 러시아가 끝내는 히틀러와 나치를 쳐부수고 유럽과 전 세계를 구할 것입니다. 조국의 아들들이여, 전쟁터로 달려가 조국을 지켜 내십시오!"

스탈린의 열정에 찬 사자후를 담은 라디오 방송을 들은 국민들은 감격에 겨워 눈물을 흘렸다. 연이은 패배에 따른 절망과 두려움도 떨쳐 냈다. 그리고 무슨 일이 있더라도 조국을 지켜 내겠다는 굳은 의지로 불타올랐다.

라디오 방송으로 국민들의 사기를 북돋운 스탈린.

마침내 소련군은 전열을 가다듬고 독일군을 반격하기 시작했다. 그리고 모스크바 북쪽의 힘키 인근에서 벌어진 전투에서 독일군을 물리친다. 소련을 단박에 무너뜨릴 것 같았던 독일군의 공세는 이로써 멈추었다. 적의 위협에 맞선 지도자의 용기와 국민들의 강한 의지가 소련을 지키고, 마침내 2차 대전이라는 세계사 최대의 비극을 끝낸 것이다.

■ 거짓 방송만 남기고 도망간 이승만

이와 비슷한 상황이 한국 역사에도 있었다. 하지만 우리의 경우, 라디오 방송이 도리어 심각한 역효과만 낳고 말았

전쟁이 발발하자 서울에 시민들을 남겨 둔 채 먼저 피난 간 이승만 대통령.

다. 한국전쟁 당시의 일이다. 전쟁 발발 직후인 1950년 6월 27일 새벽 2시, 대통령 이승만은 각료들과 함께 특별열차를 타고 서울에서 대전으로 도망쳤다. 그러고는 그날 밤 9시, 서울중앙방송국에 전화를 걸어 자신의 담화를 그대로 방송하도록 했다.

"정부는 대통령 이하 전원이 평상시와 같이 중앙청에서 집무하고 국회도 수도 서울을 사수하기로 결정하였으며, 일선에서도 충용무쌍한 우리 국군이 한결같이 싸워서 오늘 아침 의정부를 탈환하고 물러가는 적을 추격 중이니 국민은 군과 정부를 신뢰하고 동요함 없이 직장을 사수하라."

이 담화는 밤 10시부터 11시까지 서너 차례 더 방송되었다. 그런데 다음 날인 6월 28일 새벽 2시 반경, 북한군이 한강을 넘어 진격할 것을 우려한 육군이 한강철교를 폭파해 버린 것이다. 이는 한국전쟁에서 가장 크나큰 실책으로 비난받고 있다. 당시 서울에는 육군 10만 명이 남아 북한군을 막고 있었고, 정부의 라디오 방송만 믿고 피난 가지 않은 시민들만 해도 100만에 달했다.

결국, 이승만 정권의 비겁함과 거짓말로 인해 수많은 국민이 북한군에게 붙잡혀 온갖 고초를 겪었다. 맥아더의 인천상륙작전이 성공해 국군이 서울을 되찾고 정부도 돌아왔지만, 이승만은 국민들에게 사과는커녕 서울에 남아 북한군에게 시달린 이들을 부역자로 몰아 처형했다. 파렴치함이 정도를 넘어선 것이다.

━ 소련 사회에 균열을 낸 '미국의 소리'

라디오 방송이 큰 파국을 불러일으킬 뻔한 사건도 있었다. 1959년, 카스트로와 체 게바라가 이끄는 공산주의 혁명군이 쿠바를 장악하고 공산정권을 수립하자 미국 전체가 발칵 뒤집혔다. 자국의 바로 턱밑이나 다름없는 쿠바에 '빨갱이' 정권이 들어섰으니, 미국 본토까지 혁명의 물결이 언제 번질지 모를 일이기 때문이다.

1961년, 미국 CIA는 쿠바의 공산정권에 반대해 미국으로 도망쳐 온 쿠바 출신 망명자들을 모아 군대를 조직한 후 이들을 쿠바에 상륙시켰다. 카스트로 정권을 뒤엎으려 한 '피

그만 침공사건'이다. 그러나 쿠바 군대의 반격으로 이 시도는 완전히 실패하고 만다.

이런 일이 생기자 쿠바 정부는 미국의 적수인 소련과 손을 잡고, 1962년 9월 소련의 미사일 기지를 건설하겠노라 협약도 맺는다. 이 사실이 세계에 보도되자 미국 전역은 쿠바혁명 때보다 더욱 큰 충격에 휩싸였다. 쿠바에 공산정권이 들어선 것도 모자라 이제는 소련제 미사일을 발사할 수 있는 기지까지 생긴다니? 잘못하면 쿠바에서 소련의 핵미사일이 발사되어 워싱턴과 뉴욕이 초토화되는 사태가 현실로 다가올지도 모를 일이었다.

당시 미국 대통령인 존 F. 케네디는 10월 22일, 라디오 방송을 통해 쿠바에 소련의 미사일 기지가 건설되고 있다는 사실을 국민들에게 알렸다. 그러면서 미국 정부는 결코 이 일을 방관하지 않을 것이며, 반드시 대비책을 세우고 말겠노라며 의지도 밝혔다. 또한 해군 함대로 쿠바 주변 해상을 철저히 봉쇄해 소련의 핵미사일이 들어오지 못하게 막을 것이며, 만약 소련이 쿠바에 군사 원조를 계속할 경우 이를 미국에 대한 중대한 위협으로 간주해 소련에 핵무기를 포함한 군사적 보복을 가하겠다는 엄포까지 덧붙였다.

케네디의 이 발언은 일파만파로 퍼져 나가, 세계는 핵전쟁이 곧 벌어질지 모른다는 공포에 휩싸였다. 미국과 소련은 서로 자유진영과 공산진영의 대표 주자라는 자존심 때문에 한 치의 양보도 하지 않을 것이고, 그러다 보면 결국 핵무기까지 동원해 상대방을 무릎 꿇리려 하리라 본 것이다. 그 과정에서 양측의 동맹국들까지 끌려 들어가면, 인류가 공멸할지 모를 3차 대전이 터지리라는 종말론적 예상들이 난무했다.

이처럼 세계인들을 불안과 공포에 떨게 하던 미국과 소련의 신경전은 그러나 거짓말처럼 극적으로 타결되었다. 10월 26일, 소련 공산당 서기장인 흐루시초프가 미국이 터키에 설치한 미사일 기지를 철거하고 쿠바를 공격하지 않겠다고 약속하면, 그 대가로 자신들도 쿠바 미사일 기지를 철거하겠노라 제안한 것이다. 이틀 후인 28일 케네디가 이 제안을 수락했다. 모두의 우려와 달리, 미국과 소련의 수뇌부는 핵전쟁이 서로를 파멸시킬 뿐이라는 사실을 잘 알고 있었다.

하지만 세계인들 눈에는 흐루시초프가 케네디의 위협에 겁을 먹고 물러난 것처럼 보였다. 소련의 지배층들도 그렇게 생각했다. 훗날 1964년 10월 15일, 흐루시초프가 공산당 내부 강경파들에게 비판을 받고 물러난 계기도 이 사건이다. 세계인들에게 미국의 힘과 의지를 천명한 케네디의 라디오 연설이 그와 미국을 승자로 만든 셈이다.

케네디 연설 말고도 미국은 소련과 동유럽 공산국가들을 상대로 라디오 방송을 기획해 쏠쏠한 재미를 보았다. 2차 대전이 한창이던 1942년 2월 24일에 창설된 '미국의 소리 Voice of America' 방송이 그것이다. 냉전이 한창이던 1960 년대, 소련의 대중문화는 매우 단조롭고 빈곤했다. 개인의 자유로운 애정 행각이나 사회 비판적인 내용을 담은 예술은 철저히 금지되었고, 오직 사회주의 이념만을 담은 연극이나 영화, 언론만 허용되었다.

철두철미한 사회주의 이념만이 지배하는 단순한 사회에서 살던 소련인들에게 화려한 영화와 세련된 음악, 다양한 문학 등 자유분방한 현대 문화를 들려주는 '미국의 소리'는 그야말로 복음과도 같았다. 국민들이 적국인 미국의 방송을 더 좋아한다는 사실을 알고 당황한 소련 정부는 외국 방송 프로그램의 수신 조건을 엄격히 제한했지만, 이미 자유를 맛본 소련인들은 정부의 선전 수단에 지나지 않는 라디오 방송에 더는 귀를 기울이지 않았다.

시간이 흐를수록 소련인들은 어둡고 음울한 소련 사회보다 자유롭고 풍요로우며 밝고 화려한 미국 사회를 동경하기 시작했다. 미국으로 망명하거나 밀입국하는 소련인들이 갈

수록 늘어났고, 급기야 1991년 소련은 미국과 계속하던 체제 대결을 포기하고 붕괴되었다. 동유럽 공산국가들도 같은 길을 걸어갔다. 핵무기 수만 개와 군대 수백만으로도 해내지 못한 일을 라디오 방송이 이루어 낸 것이다.

세계를 이어 준 미군의 네트워크, 인터넷

인터넷이 장밋빛 미래만 보여 준 것은 아니다. 인터넷이 확대되면서 부작용도 계속 생겨나고 있다. "아무런 통제나 감시 없이 세계인이 자유롭게 만나고, 국경과 인종의 경계를 초월하는 공간"이 되리라던 초기의 희망과 달리, 인터넷에도 속속 벽이 쳐지고 있다.

인터넷이 없는 세상을 상상할 수 없을 정도로 인터넷이 보편화되었다. 그렇다면 이런 인터넷은 누가 처음 만들었을까? 미국의 소프트웨어 기업 마이크로소프트? 워크맨을 만든 일본의 대기업 소니? 프랑스나 독일의 컴퓨터 회사? 모두 아니다.

■ 소셜 네트워크 서비스 중 하나인 트위터 화면.

■ 군사용 네트워크 시스템, 아르파넷

동영상이나 게임, 뉴스 등으로 가득 찬 지금 인터넷으로는 상상할 수 없는 일이지만, 인터넷은 미국 국방부가 만든 네트워크 시스템인 아르파넷ARPANET에서 비롯되었다.

1969년 9월 2일, 미국 국방부 산하 기관인 고등연구계획국 (Advanced Research Project Agency)은 캘리포니아 대학과 함께 군사용 컴퓨터 네트워크를 만드는 연구에 착수했다. 만일의 사태를 대비해 컴퓨터에 입력된 정보를 다른 컴퓨터로 수월하게 옮겨 보관하는 방법을 궁리한 것이다. 그렇게 해서 고안된 네트워크 시스템이 바로 아르파넷이었다.

초창기 아르파넷은 4미터 길이의 케이블선으로 컴퓨터 두대를 연결해 놓은 후 한쪽 컴퓨터에서 A나 B 같은 글자를 쓰면 다른 쪽 컴퓨터에서 그대로 받아서 쓰는 식으로 정보를 교환했다. 현대 인터넷과는 비교 자체가 불가능할 정도로 매우 간단하고 조악한 구조였다. 이해 10월 29일, 캘리포니아 대학과 스탠퍼드 대학 연구소가 케이블선을 통해 정보를 교환하는 데 성공한다. 아르파넷은 점점 통신 가능한 거리를 늘려 갔고, 1970년에는 서부인 캘리포니아에서 동부인 매사추세츠와도 통신이 가능해졌다.

아르파넷을 토대로 한 새로운 시스템이 1971년에 선을 보였는데, 컴퓨터 프로그래머인 레이 톰린슨이 컴퓨터로 보내는 전자우편을 개발한 것이다. 1973년에는 아르파넷의 케이블선이 미국을 넘어 바다 건너 영국에까지 이어져, 두 나라는 컴퓨터로 정보를 교환할 수 있었다. 1974년에는 네트워크 전송 프로토콜인 TCP/IP가 등장했고, 이로 인해 컴퓨터 두 대만이 아닌 수많은 컴퓨터가 한꺼번에 아르파넷에 접속할 수 있게 되었다.

1983년, 미국 국방부는 TCP/IP를 군사용이 아닌 일반인들이 사용할 수 있도록 공개했다. 미국뿐 아니라 세계가 인터넷으로 연결될 수 있는 길이 열린 것이다. 또 이해에 지금처럼 인터넷 주소에 닷컴(.Com)이 붙는 도메인 제도가 고안

되어 지금에 이르고 있다.

1990년에는 드디어 지금 우리가 일상적으로 쓰고 있는 월드와이드웹WWW 시스템이 등장했으며, 4년 후에는 인터넷 접속 웹브라우저인 넷스케이프Netscape가 선을 보였다. 그러나 넷스케이프는 경쟁사인 마이크로소프트가 1996년부터 윈도 운영체제에 자사의 인터넷 브라우저인 익스플로러를 끼워 팔면서 큰 타격을 입는다.

1998년에는 미국의 래리 페이지와 세르게이 브린이 인터넷 검색엔진 회사인 구글Google을 만들어 세계 인터넷업계에 큰 파장을 일으켰다. 또, 2001년에 지미 웨일스와 래리 생어가 누구나 참여할 수 있는 인터넷 백과사전인 '위키피디아'를 만들어 세계 네티즌들에게서 열렬한 환영을 받았다.

━━ PC 통신에서 포털사이트 시대로

한국의 인터넷 문화는 1992년 PC 통신에서 시작되었다. PC 통신은 컴퓨터에 전화모뎀선을 연결해 인터넷을 하는 형태였다. PC 통신의 선구자는 천리안이었다. 1984년 5월에 등장한 천리안은 1992년경에 PC 서버를 연결한 인터넷 시스템을 선보였다. 천리안보다 2년 늦게 등장한 하이텔은

1992년 3월에 PC 통신 시스템을 도입하고 천리안과 경쟁하기 시작했다.

천리안과 하이텔이 PC 통신 시대를 열자, 우후죽순처럼 후발주자들이 나타났다. 1994년에는 나우누리가, 2년 후에는 유니텔이 설립되어 고객들을 놓고 치열한 경쟁을 벌였다.

■ PC 통신 초기 화면. 당시에는 전화기에 모뎀선을 연결해 썼다.

여태까지 컴퓨터를 개인용으로만 사용하다가 다른 사람들하고 서로 정보와 의견을 교환하고 대화할 수 있다는 점이 신기해서인지, 한국의 PC 통신 산업은 급격히 성장했다. 아울러 새로운 문화도 생겼다. 한 예로, 한국의 대표적인 판타지 소설 작가인 이우혁 씨가 작가로 데뷔한 곳이 PC 통신이다. 1994년 하이텔 동호회 'summer' 게시판에 올린 소설이 인기를 끌어 출간된 책이 바로 《퇴마록》이다. 이 소설은 출간 이후 지금까지 8백만 부가 팔렸다고 한다.

그런데 PC 통신에는 치명적인 단점이 있었다. 전화선을 모뎀에 꽂아 접속하다 보니 통신을 오래 할수록 전화료가 많이 나오는 것이다. 당시 PC 통신 게시판에는 통신을 오래 했다가 전화료가 10만 원이나 나왔다는 하소연이 줄을 이었다. 또 통신하는 동안에는 전화를 쓸 수 없고, 모뎀 상태가 불량하면 접속하는 데 시간이 오래 걸리는 문제도 있었다.

이러한 PC 통신의 한계를 극복하고, 본격적인 인터넷 시대를 연 것이 바로 다음과 네이버로 대표되는 포털사이트이다. 1995년 설립된 다음(www.daum.net)은 1999년 카페 시스템을 도입해, 개인 간의 커뮤니티 폭을 넓혔고, 2000년에는 검색창에 단어를 입력하면 검색이 되는 검색 시스템도 선보였다. 다음보다 조금 늦은 1998년에 시작한 네이버 (www.naver.com)는 2002년에 카페와 블로그 시스템을 도입해, 후발 주자라는 단점을 극복하면서 네티즌들을 끌어모았다.

이 과정에서 PC 통신업체들이 사라졌다. 하이텔은 2007년 2월에, 천리안은 2007년 12월에 잠정 폐쇄되었고, 나우누리와 유니텔이 그 뒤를 따랐다.

━ 현실을 비추는 인터넷 세계

인터넷이 몰고 온 한국 사회의 대표적인 변화는 2002년 노무현 대통령의 당선 사례에서 확인할 수 있듯이, 네티즌이라는 인터넷상의 새로운 '시민'이 출연했다는 점이다. 당시 이회창 후보와 50만 표라는 근소한 차이로 당선된 노무현 대통령의 배후에는 인터넷 여론으로 대표되는 네티즌들이 있었다.

그러나 인터넷이 장밋빛 미래만 보여 준 것은 아니다. 인터넷이 확대되면서 부작용도 계속 생겨나고 있다. "아무런 통제나 감시 없이 세계인이 자유롭게 만나고, 국경과 인종의 경계를 초월하는 공간"이 되리라던 초기의 희망과 달리, 인터넷에도 속속 벽이 쳐지고 있는 것이 그 한 예다. 이명박 정부 들어 인터넷상에서 검열이 강화되었는데, 대표적인 사건이 인터넷 논객 '미네르바' 구속이다. 이명박 정부는 포털사이트 다음에서 주로 한국 경제를 비판했던 미네르바를 '허위 사실 유포죄'로 구속했다.

중국도 인터넷 검열이 심하다. 파룬궁이나 달라이 라마 같은, 중국 체제에 위협적인 단어는 인터넷에서 검색되지 않는다. 정부에서 인터넷 회사들에 미리 압력을 넣어 검색되지 못하도록 지시했기 때문이다. 이런 검열 문제로 구글과도 마찰을 빚어 지난해 구글이 중국 시장에서 철수하겠노라 선언한 일도 있다.

검열만큼 큰 문제가 '악플(악성 댓글)'이다. 악플에 시달리다 자살하는 사람들이 부쩍 늘어날 정도로 악플 문제는 심각하다. 신나치주의 같은 인종주의 단체나 알 카에다 같은 테러 조직이 인터넷을 자신들의 힘을 과시하거나 세력 확장 수단으로 삼는 것도 심각한 문제다.

■ 인터넷 문제 중 대표적인 것이 악플이다. 사진은 악플에 관한 기사들.

인터넷 문제 하면 또 빼놓을 수 없는 것이 '해킹'인데, 1997년 1월 중국군 소속 해커들이 미국 국방부인 펜타곤을 비롯한 미군의 주요 시설에 설치된 컴퓨터를 해킹한 사건은 전 세계를 놀라게 했다. 당시 펜타곤 메인 컴퓨터에는 14세기 중국에서 개발된 연속추진로켓인 화룡출수 그림이 뜨면서, "우리는 너희보다 500년 앞서서 로켓을 만들었다!"는 메시지가 쓰여 있었다고 한다. 군사적 목적으로 인터넷을 처음 만든 미국이, 가상 적국인 중국에 이런 꼴을 당하다니 아이러니한 상황이 아닐 수 없다.

인터넷에서 일어나는 문제는 현실의 문제이기도 하다. 다만 그것이 현실에서 가상공간으로 옮겨졌다는 점이 다를 뿐이다. 그렇게 보면, 어느 네티즌의 말처럼 현실에서 해결되지 못한 문제가 가상공간에서 해결될 리는 없을 것 같다.

5부 야만족 옷이
패션 아이콘이 되다

북유럽의 야만인 켈트족이 남긴 바지

켈트족에게 점령당한 쓰린 기억이 있는 로마인들은 켈트족을 곱지
않은 시선으로 보았다. 루크레티우스나 디오도루스 같은 역사가들은
한결같이 켈트족들을 깎아내렸다. 켈트족을 정복해 가면서
로마인들도 바지 문화를 접하게 된다.

지금이야 남자가 치마를 입으면 눈에 띄지만, 동서양을 막론하고 고대 문명권에서는 남자들이 모두 바지가 아닌 치마를 입고 다녔다. 믿어지지 않겠지만 엄연한 사실이다.

문명 발상지인 메소포타미아의 수메르나 바빌론, 이집트는 물론이고

누구나 즐겨 입는 바지

그리스와 로마에서도 남자들은 땅바닥에 질질 끌리는 토가를 입거나 아예 맨다리를 드러낸 채 다녔다. 동양에서도 마찬가지였다. 중국은 일찍부터 남자들이 상하의가 하나로 붙은 치마 같은 도포를 입지 않았던가. 이런 옷 양식은 중국의 영향을 받은 한국, 일본에도 전해졌다.

방한용으로 입은 바지

그렇다면 우리가 흔히 입고 다니는 바지는 대체 어디에서 유래했을까? 가장 오래된 바지의 흔적은 기원전 6세기경, 중동을 통일한 아케메네스 왕조 페르시아 궁정인 페르세폴리스에서 찾을 수 있다. 페르시아인들은 지금의 이란 남부에 살던 유목민들이었는데, 가죽과 펠트로 만든 바지를 입

파지리크에서 발견된 카펫에 그려진 스키타이족 기수. 바지를 입고 있다.

고서 말을 타고 다녔다.

페르시아인들과 맞서던 남부 러시아와 중앙아시아의 유목민족인 스키타이족들도 바지를 즐겨 입었다. 기원전 4세기, 지금의 우크라이나에서 발견된 스키타이족 황금 장신구에는 서로 등을 맞댄 채 활을 당기는, 바지를 입고 있는 스키타이족 궁수들 모습이 새겨져 있다. 기원전 300년경, 중앙아시아 파지리크Pazyryk에서 발굴된 카펫에서도 바지를 입은 스키타이족 기수의 모습이 생생하게 묘사되어 있다.

기원전 1세기경, 지금의 몽골 서부인 노인 우라에서도 가죽으로 만든 바지가 발견되었다. 당시 몽골초원은 흉노족이 활동하고 있었는데, 아마 이들이 남긴 흔적으로 보인다.

많은 역사학자는 이런 예들을 들어 정착해 사는 농경민은 치마를 입고, 이동하며 생활하는 유목민들은 바지를 입었다고 주장한다. 특히, 북방에서 활동하던 유목민들이 겨울의 긴 추위를 막고 아울러 말을 탈 때 다리를 보호하기 위해서 바지를 입었다는 것이다.

노인 우라의 고분 이외에도 동양에서 바지를 입은 흔적은 여러 곳에서 나타나는데, 고구려 고분 벽화를 자세히 보면 여인과 남자들이 검은색 물방울무늬가 그려진 하얀색 바지를 입은 모습이 자주 보인다. 고구려는 지리적으로 흉노와 선비 같은 북방 유목민들과 가까웠으며, 만주의 삼림 지대에서 반농반목, 수렵 생활을 하던 말갈족과 함께 지냈으니 바지 문화를 일찍부터 받아들였으리라 추측된다.

그러던 우리 선조들은 점점 중국 문화를 받아들이면서 바지가 아닌 치마 같은 도포를 입게 되었다. 바지는 농민이나 천민 같은 피지배층들이 입었다. 신체 노출을 꺼리는 유교 문화가 사회 전반에 강하게 뿌리내리면서 유교적 교양에 익숙한 지배층일수록 바지를 멀리했던 것이다. 육체노동을 많이 해야 했던 피지배층들은 치마보다는 활동하기 편한 바지를 선호했고 말이다.

■ 처음 바지를 입은 켈트족

유목사회에서 비롯된 바지 문화는 동으로는 몽골초원과 한반도로 전파되었다. 서쪽 유럽으로도 퍼졌을 법한데 그리

■ 전리품을 바라보는 갈리아족 수장 브렌누스. 1893년 폴 자민 그림.

스나 로마인들은 바지를 입지 않았다. 바지를 입고 다닌 집단은 놀랍게도 북유럽의 야만인 켈트족이었다.

기원전 8세기 중엽, 처음 역사에 이름을 드러낸 켈트족은 아리안족에서 갈라져 나온 백인계 민족이다. 이들은 기원전 500년경, 지금의 영국과 아일랜드에서 프랑스와 네덜란드, 남부 독일과 오스트리아, 스위스, 체코, 헝가리, 루마니아, 이탈리아 등 거의 전 유럽을 지배하면서 세력을 떨친 용맹한 전사였다. 기원전 390년에는 로마를 함락해 7개월간 점령했고, 기원전 279년에는 다뉴브 강을 건너 마케도니아를 침공해 그리스인들의 성역인 델포이신전을 약탈하기까지 했다.

그리스를 공격한 켈트족 중 일부는 더 동쪽으로 나아가 오늘날의 터키인 소아시아로 진출했다. 이후 갈라티아라는 왕국을 세워, 기원후 3세기까지 고유한 정체성을 지키며 활

카이사르에게 항복하는 갈리아인들의 총사령관, 베르킨게토릭스, 1899년 리오넬 로이에르 그림.

동했다.

그러나 기원전 52년, 카이사르가 이끄는 로마군이 켈트족의 중심지인 갈리아(지금의 프랑스)를 정복하면서 켈트족은 큰 타격을 입는다. 기원후 2세기에 이르면 유럽에서 켈트족들의 마지막 근거지였던 브리튼(지금의 영국)마저 스코틀랜드 북부를 제외하고는 로마군의 지배를 받는다. 결국 켈트족은 아일랜드에만 남게 된다. 이렇게 로마 힘에 눌려 쇠약해졌지만, 켈트족들이 이룩한 문화가 완전히 사라진 것은 아니다. 포도주를 오크나무로 만든 통에 보관하는 기술과 바지 문화가 대표적으로 남아 있는 것이다.

켈트족들이 바지를 입은 이유는 추위 때문이었다. 그리스, 로마 같은 남부 유럽에 비해 북유럽은 추위 모직이나 가죽으로 만든 바지를 입고 망토를 걸친 것이다. 켈트족과 가까운 이웃이었던 게르만족과 루마니아 원주민인 다키아족들도 바지와 망토를 받아들였다.

━━ 야만인의 옷 문화를 받아들인 로마

켈트족에게 점령당한 쓰린 기억이 있는 로마인들은 켈트족을 곱지 않은 시선으로 보았다. 루크레티우스나 디오도

루스 같은 역사가들은 한결같이 켈트족들을 이렇게 깎아내렸다.

"켈트족들은 과학이나 기술에 대한 어떠한 지식도 없으며, 서로 단결할 줄 모르고 항상 사소한 일로 싸운다. 그들의 유일한 오락이라고는 독한 포도주를 퍼마시고 구운 고기를 미친 듯이 먹어 대는 폭음과 폭식뿐이다. 전쟁이 시작되면 초반에는 용감하지만 금방 비겁해져서 도망이나 간다. 전술이나 전략이라고는 전혀 모르며, 단지 순간적인 용기에만 의존해서 싸운다. 한마디로 잔인하고 어리석은 족속이라고 할 수 있다."

켈트족을 정복해 가면서 로마인들도 바지 문화를 접하게 된다. 하지만 자존심 강하고 켈트족 문화를 야만적이라고 폄하했던지라 바지를 입는 문화에 거부감을 드러냈다. 카이사르와 대립하며 공화정의 대표 주자였던 유명한 정치인 키케로는 원로원에서 이런 연설을 남겼다.

"우리 도시를 침략하고 시민들을 학살하던 저 야만인 켈트족이 이제는 괴상한 망토와 바지를 걸치고서 포럼(광장)과 원로원 안까지 들어오고 있습니다. 왁자지껄 떠들면서 우리를 겁주려고 위협적인 시늉을 하며 들어오는 저들을 여러분은 과연 믿을 수 있다고 생각하십니까? 나는 도저히 그럴 수 없습니다!"

로마에 정복된 켈트족들은 여전히 바지를 입고 망토를 걸쳤는데, 개중에는 로마 시민권을 얻어 정식으로 로마 원로원에 참석하는 원로까지 된 자도 있었다. 완고한 보수주의자였던 키케로는 그런 켈트족들이 매우 못마땅했던 것이다.

그러나 혁신적인 정치인인 카이사르는 이런 지적에 전혀 아랑곳하지 않고 자신이 정복한 갈리아의 유력한 켈트 부족장들을 원로원 회원으로 임명했다. 그래서 카이사르가 갈리아 정복을 마친 기원전 52년 무렵에는 원로원에 바지를 입고서 출석하는 켈트족 출신만 수백 명에 이르렀다고 한다.

카이사르와 함께 갈리아, 브리튼 원정에 함께한 로마 병사들도 하나둘씩 바지를 입기 시작했다. 기원후 1세기까지는 바지를 "야만인 켈트족의 옷"으로 간주하여 금기시했지만 점점 퍼져 나가는 바지 문화를 막을 수는 없었다. 제국 말기에 로마군은 영토 북쪽인 브리튼과 게르마니아에서 싸우게 되었는데, 이탈리아 본토보다 훨씬 혹독한 추위에 바지를 입게 되었던 것이다.

기원후 4세기에 이르러서는 바지 문화가 보편화되었다. 아무리 지독한 보수주의자라고 해도 더는 바지를 미개인 문화라며 손가락질하지 않았다. 5세기 말, 게르만족의 대이동으로 서로마제국이 멸망하고, 로마 영토 각지에 게르만족이 정착하면서 바지는 누구나 입는 옷이 되었다.

　무릇 문화란 흐르는 물과 같아서 서로 자연스레 영향을 주고받기 마련이다. 오늘날도 다르지 않다. 서로를 미워하면서도 닮는 것, 어쩌면 그것이 인간이 사는 모습이 아닐까.

한국의 시골까지 흘러온 이슬람의 아라베스크 무늬

아라베스크 양식은 주로 이슬람 사원인 모스크의 천장이나 벽 등을 장식하는 데 쓰였다. 같은 형태의 문양이 계속 반복되는 것은 신이 다스리는 우주처럼 끝없이 무한한 세계를 상징한다.

어릴 적 할머니 댁에 가면 항상 넋을 잃고 바라보았던 것이 있다. 벽과 천장을 장식한 벽지 그림이었다. 세모, 네모, 동그라미가 빽빽이 들어선 벽지 그림은 마치 우주의 별들을 묘사한 추상화 같았다. 그런 형상이 일정한 간격을 두고 끝없이 반복되니 그저 신기할 뿐이었다.

아라베스크 무늬

'도대체 저 상형문자 같은 그림은 뭐지? 왜 사람이나 동물은 없고 저런 것만 잔뜩 그려져 있을까? 대체 저건 무슨 뜻이지?'

천장과 벽지를 수놓은 기하학적인 그림의 정체에 대해서 할아버지나 지금은 돌아가신 할머니께 여쭤 보았지만, 대답은 "우리도 잘 모르겠다"는 말뿐이었다.

어른이 되어 시골집에 자주 내려가지 않게 되면서 벽지에 관한 의문과 관심도 사라져 갔다. 그러던 어느 날, 중세 이슬람에 관한 책을 읽다 우연히 아라베스크arabesque라는 회화 양식을 보게 되었고, 그제야 그간의 궁금증이 풀렸다.

이슬람교는 건축이나 조각을 할 때, 사람이나 동물 새기는 것을 엄격히 금지한다. 우상 숭배로 보기 때문이다. 그래서 건축물, 예술품에 다소 추상적이고 기하학적인 온갖 도형과 식물을 흉내 낸 문양을 그려 넣은 아라베스크 양식이 출현했다. 시골집에 그려진 괴상한(?) 그림의 정체도 아라베스크였다.

그런데 여기서 궁금해진다. 한국은 건설 개발 붐이 인 1970년대 이후에야 비로소 아랍권 국가들과 교류를 했는데, 어떻게 아라베스크 양식이 할머니 집 벽지에 있었던 걸까? 조금만 더 생각해 보면 그다지 이상한 일도 아니다. 1970년대 이전에도 한국은 아랍 지역과 교류하고 있었고, 심지어 이슬람교를 믿는 사람들이 한반도에 들어와 살기까지 했으니 말이다.

아라비아 사막에서 유목 생활을 하던 아랍인들은 기원전 5세 무렵, 페르시아제국에 복속되었다. 이들은 수많은 부족으로 분열되어 서로 잔혹한 싸움을 벌이면서 살았다. 전쟁이 없을 때는 오아시스에서 대추야자를 재배하거나 낙타로 물건을 실어 나르는 중계무역을 하면서 생활을 꾸려 나갔다.

예배를 드리는 이슬람교도들.

그런데 기원후 610년, 쿠라이시 부족 출신인 무함마드 Muhammad가 천사 지브릴(가브리엘)의 계시를 받아 새로운 종교인 이슬람을 창시하면서 모든 상황이 급변했다. 여태까지 태양과 달, 불과 물, 번개와 나무 등 수많은 자연을 신격화하여 섬기던 아랍인들에게 무함마드가 들고 나온 이슬람은 실로 충격적인 문화혁명이었다. 오직 알라만이 유일한 신이고, 다른 것은 모두 가짜요 우상이라고 주장했던 것이다. 이 때문에 처음에 사람들은 격렬하게 반발했다. 무함마드 친척들마저도 "저놈이 단단히 미쳤다. 우리가 왜 저 정신 나간 놈의 헛소리를 믿고 신들을 버려야 하느냐"며 비웃었다. 다른 부족 사람들은 무함마드를 박해하고 암살하려고까지 했다.

신변의 위협을 느낀 무함마드는 622년, 그때까지 살던 메카를 떠나 추종자들과 함께 메디나로 떠났다. 이슬람교에서는 7월 16일 이날을 '헤지라(Hegira, 성스러운 이주라는 뜻)'라 부르며 이슬람 달력 시작 일로 삼고 있다.

메디나에 근거지를 잡고 이슬람 교리를 설파하면서 세력을 키운 무함마드는 630년, 마침내 1만 대군을 이끌고 메카로 진격한다. 그곳 유력자들을 굴복시킨 후 365개의 신을 모신 카바사원에 들어가 우상을 모두 부수고, 알라만을 유일한 신으로 섬길 것을 선언했다.

무함마드는 그로부터 2년 후인 632년에 사망했지만, 그가 이루어 놓은 이슬람 교단은 633년 아라비아 반도의 모든 아랍 부족에게 이슬람을 전파하고, 이슬람으로 사막 지대를 통일했다. 그러나 새로운 신앙인 이슬람으로 무장한 아랍인들의 열망은 여기에서 멈추지 않았다. 그들은 자신들의 믿음을 전파하기 위해 불타는 기세로 세계로 나아갔다.

636년, 이슬람 상징인 초승달이 그려진 군기를 앞세운 아랍 군대는 요르단 남쪽인 야르무크 강 유역에서 비잔티움제국의 대군과 격돌하여 대승을 거두었다. 그리고 승리의 여세를 몰아 시리아로 진격해, 로마 시대부터 전해 내려온 유서 깊은 도시인 다마스쿠스를 점령했다.

5년 후인 641년에는 더욱 놀라운 일이 벌어졌다. 비잔티움제국의 맞수로 한때 이집트에서 인도 서북부까지 지배하던 대제국인 사산조 페르시아가 나하반드에서 아랍 군대에 참패를 당하고 몰락한 것이다. 당시 세계에서 가장 부유하고 강력한 페르시아제국이 사막에서 유목 생활이나 하던 가난하고 미개한 아랍 부족의 일격에 몰락한 이 사건은 온 천하에 신흥 이슬람의 힘을 과시한 좋은 본보기가 되었다.

이슬람의 팽창은 계속되었다. 페르시아가 나하반드 전투

에서 대패할 무렵, 비잔티움제국의 속령인 이집트도 이슬람 군대에 넘어갔다. 642년에는 모든 기독교도 성지인 예루살렘마저 이슬람 수중에 떨어졌으며, 681년 마침내 아랍 군대는 북아프리카를 횡단해 대서양에 발을 적시게 되었다. 33년이 지나서는 지브롤터 해협을 건너 서고트 왕조를 멸망시키고 지금의 스페인과 포르투갈마저 정복했다. 이베리아 반도를 장악한 이슬람 세력은 자그마치 700년 넘게 존속하면서 유럽 국가들의 동경과 선망의 대상이 되었다.

이처럼 이슬람 세력은 동서방 전역에서 대성공을 거두었다. 751년에는 지야드 이븐 살리Ziyad ibn Salih가 이끌던 이슬람 군대가 고구려 유민 출신인 고선지가 지휘하던 당나라 군대와 탈라스에서 격전을 벌인 끝에 승리했다. 유명한 이 전투의 결과로 이슬람은 중앙아시아도 장악하게 된다.

이로써 무함마드가 새로운 종교를 창시한 이래 불과 140년 만에 이슬람은 세계 최대의 제국을 건설했다. 스페인과 모로코에서부터 지금의 키르기스스탄과 인도 서북부 접경 지역에 이르는 실로 광대한 땅이었다.

9세기로 접어들면서 이슬람의 정복 전쟁은 수그러들었다. 그 대신 이들은 새로운 방면에서 전쟁을 시작했다. 육상과 해상을 통해 동서양을 연결하는 중계무역에 나선 것이다. 사막의 유목민족이던 아랍인들은 놀랍게도 새로운 공간인 바다에 금세 적응했고, 뛰어난 항해술도 개발해 세계 해상무역의 선도자로 군림했다. 당시 기록들을 보면 당나라의 남부 항구 도시인 광저우에 자그마치 아랍 상인이 12만 명이나 살았다고 한다. 이 정도로 아랍인들은 활발히 세계를 누볐다. 아랍의 전설적인 설화집 《아라비안나이트》에 따르면, 주인공인 알라딘도 아랍이 아닌, 중국 남부의 마을에 살고 있는 걸로 나온다.

더 놀라운 사실은 당시 아랍인들이 당나라 너머에 있는 신라의 존재도 알고 있었다는 점이다. 이븐 쿠르다드비Ibn Khurdadhbih와 이븐 루스타Ibn Rustah를 위시한 아랍 학자들은 중국 동쪽에 알 실라(al-sila, 신라)라는 나라가 있는데, 그곳은 '날씨가 따뜻하고 공기가 맑으며 황금이 풍부해 한번 방문하면 좀처럼 떠나고 싶지 않은 곳'이라는 기록까지 남겼다.

우리에게 〈처용가〉로 잘 알려진 처용이 신라를 방문한 아랍 상인일지도 모른다는 추측은 이미 오래전부터 나왔다. 처용이 정말로 아랍인인지 아닌지는 확실하지 않으나, 신라 말기 왕릉에 세워진 석인상을 보면, 높은 코에 곱슬거리는 턱수염과 큰 눈을 가진 모습이 영락없는 아랍인이다.

▬ 그리스에서 기원한 양식

그렇다면 아라베스크 양식은 언제 생겨나, 어떤 경로를 거쳐 머나먼 한국에까지 들어온 것일까?

아라베스크 양식을 처음 고안한 사람은 아랍이 아닌 소아시아 지방에서 활동하던 고대 그리스인들이다. 그러나 정작 그리스인들은 이 양식을 만들어 놓고도 그다지 사용하지 않았다.

아라베스크 양식이 다시 세상의 주목을 받은 건 아랍인들의 세력이 최절정에 달했던 기원후 9세기 무렵부터였다. 수도 바그다드를 세계에서 가장 번화한 도시로 만든 아바스 왕조의 군주인 하룬 알 라시드Harun al Rashid는 아리스토텔레스나 플라톤 같은 고대 그리스 철학자들이 남긴 그리스 저서들을 모두 아랍어로 번역하라는 명령을 내릴 정도로 그리스 문물에 많은 관심을 가졌다. 그 과정에서 아라베스크 양식도 자연스레 이슬람 사회로 편입된 것이다.

■ 아라베스크를 흔히 볼 수 있는 이슬람 사원 모스크.

초기의 아라베스크 양식은 세모나 마름모꼴 같은 기하학적인 문양이 그려진 것이었다. 10세기 말과 11세기 초에 접어들면서 여기에 식물이나 꽃 등의 무늬가 더해졌다. 아라베스크 양식은 주로 이슬람 사원인 모스크의 천장이나 벽 등을 장식하는 데 쓰였다. 같은 형태의 문양이 계속 반복되는 것은 신이 다스리는 우주처럼 끝없이 무한한 세계를 상징한다. 중앙아시아에서 발원한 터키계(돌궐) 민족인 셀주크 투르크가 이슬람으로 개종하고 중동을 정복하면서 인도와 중앙아시아에도 본격적으로 이슬람이 퍼져 나갔다. 물론 아라베스크 양식도 함께 전해졌다.

1206년 세계사에 큰 변혁이 일어난다. 몽골제국이 탄생한 것이다. 몽골초원 동서남북을 정복해 대제국을 세운 칭기즈

칸에게 막대한 도움을 준 세력이 있으니, 바로 위구르인들이다. 위구르인들은 칭기즈칸이 몽골을 통일하자마자 찾아가 자발적으로 복종했고, 몽골제국이 형성되는 기간 내내 몽골 지배층의 보호를 받으며 온갖 특혜를 누렸다. 특히 제국이 장악한 지역에서 상업적 이익을 톡톡히 챙겼는데, 고려가 몽골제국에 복속되었을 때도 마찬가지였다. 고려가요 〈쌍화점〉에 나오는 "만두 가게를 하는 회회아비"가 눈이 크고 턱수염을 기른 서역인, 즉 위구르인을 가리킨다는 해석은 국문학계와 역사학계에서 공통으로 내린 결론이다. 노래 가사처럼 실제로 많은 위구르계 이슬람교도가 고려에 정착해 살았다. 특히 고려의 수도인 개성에 많이 살았는데, 개성 향토 음식인 곡식 가루를 뿌린 고기 꼬치구이도 위구르인들이 먹던 꼬치구이인 샤실릭에서 유래된 것이라고 한다.

▬ 고려에까지 건너온 문화

이슬람교도들의 흔적은 새 왕조인 조선 초창기에도 남아 있었다. 한글 창제와 측우기를 비롯한 각종 과학기술 개발로 불멸의 명성을 얻은 세종대왕에게는 한 가지 특이한 취미가 있었는데, 바로 위구르계 이슬람교도들의 《코란》 독경을 듣는 것이었다. 궁궐에까지 불려 와 왕을 만나고 자신들의 경전을 당당하게 말할 수 있을 정도로 그들은 우대를 받았던 것일까.

조선 중기로 들어서면서 상황이 달라진다. 고려의 활발한 기풍이 점차 수그러들면서 이슬람교도들은 이질적인 존재로 인식되어 갔다. 마침내 중종 때 내려진 칙령에 따라 이슬람교도들은 아랍어와 이슬람교를 비롯한 자신들의 고유한 풍속을 지킬 수 없게 되었다. 결국 그들은 조선 풍속을 따르면서 서서히 역사 속으로 사라졌다.

그렇다고 이슬람교도들이 가져온 모든 것이 사라진 것은 아니다. 아라베스크로 대표되는 세공 양식이 대표적으로 남아 있다. 이슬람교도들은 겉은 몰라도 집 안은 아라베스크 양식으로 꾸며 놓고 살았다. 이런 모습이 주위 조선인들에게도 시나브로 영향을 미쳐 아라베스크가 벽지로라도 남아 있는 것이리라. 이슬람교도들이 조선 사회에 동화되었듯이, 조선 사회 역시 이슬람교도들의 문화를 받아들였다. 어느 시대나 문화란 일방통행이 아니라 상호 작용이니 말이다.

중세 기사들이 애용한 하이힐

중세 기사들도 하이힐을 애용했다. 말을 타고 싸울 때, 등자에서 발이 쉽게 빠져나오지 않도록 뒤축을 일부로 높인 장화를 신고 다녔던 것이다. 12세기 이후에는 아예 솔레레트라는 쇠구두까지 등장한다.

얼마 전, 눈길을 끄는 TV CF가 있었
다. 베르사유 궁전에는 화장실이 없
어서 사람들이 똥오줌을 아무 곳에나
싸 놓았고, 이 배설물들을 밟지 않으
려고 만든 신발이 하이힐이라는 내용
이었다. 그러나 앞에서도 말했듯이
이건 낭설이다. 베르사유 궁전에는

■ 하이힐

화장실이 있었으니 말이다.

■ 푸줏간에서 처음 신다

그럼 하이힐은 언제 만들어진 걸까? 하이힐의 기원은 고
대 이집트까지 거슬러 올라간다. 지금으로부터 3400년 전
이집트 벽화들을 보면 푸줏간에서 고기를 써는 노동자들이
뒷굽을 높인 샌들을 신은 모습이 나온다. 가축 몸에서 흘러
나온 피가 푸줏간 바닥에 흥건해지면, 보통 샌들을 신고는
걷기가 어렵다. 자칫하다 피에 미끄러질 우려가 있기 때문
이다. 그래서 굽 높은 샌들이 필요했던 것이다. 이것이 역사
상 최초의 하이힐이다.

고대 그리스와 로마에서는 하이힐이 조금 특별한 용도로

■ 중세 기사들이 신고 다니던 쇠구두, 솔레레트.

쓰였는데, 도시에서 매춘부들이 신고 다니면서 남자들을 유혹했던 것이다. 신발 밑바닥에 매음굴이 있는 곳의 약도를 그려 넣은 하이힐도 있었다. 그런가 하면, 키가 작았던 로마의 초대 황제 아우구스투스는 키가 커 보이게 하려고 일부러 굽 높은 샌들을 신고 다녔다.

중세 기사들도 하이힐을 애용했다. 말을 타고 싸울 때, 등자에서 발이 쉽게 빠져나오지 않도록 뒤축을 일부로 높인 장화를 신고 다녔던 것이다. 12세기 이후에는 아예 솔레레트solleret라는 쇠구두까지 등장한다.

기독교 성지인 예루살렘을 이슬람교도들에게서 되찾기 위한 3차 십자군전쟁에 참가해 이집트 군주인 살라딘과 싸웠던 잉글랜드의 국왕 리처드 1세는 휘하 기사들에게 솔레레트를 신고 다니게 했으며, 1386년 스위스의 젬파흐Sempac 전투에서 오스트리아 기사들은 무거운 쇠구두를 신고 싸웠다.

여성들이 신는 하이힐은 1533년에 출현했다. 이탈리아의 부유한 은행가인 메디치 가문 출신인 카트린드메디시스 Catherine de Medicis는 오를레앙 공작이자 나중에 프랑스 왕이 되는 앙리 2세와 결혼했는데, 그녀에게는 한 가지 근심거리가 있었다. 결혼 전부터 남편에게 애인이 있었던 것이다. 앙리 2세의 연인은 디안 드 푸아티에Diane de Poitiers로, 그녀는 키 178센티미터의 미녀였다.

작은 키에 열등감을 가지고 있던 카트린드메디시스는 남편이 디안에만 빠져 자신을 거들떠보지 않을지도 모른다는 생각에 불안해했다. 고심 끝에 그녀는 한 가지 해결책을 생각해 냈는데, 제화공을 불러 자신의 신발 뒷굽을 2인치 정도 올린 것이다. 그러자 궁중의 여인들도 그녀를 흉내 내어 앞다투어 하이힐을 신었고, 이것은 곧 유럽 왕실과 상류 사회로까지 퍼져 나갔다. 19세기 초까지 유럽 왕실에서는 프랑스어를 공용어로 쓸 만큼 프랑스의 궁정 문화가 유럽을 주도했다.

키가 커 보이는 용도 외에도 하이힐은 각선미를 드러내 성적인 매력을 강조하기 위한 목적으로도 애용되었다. 얼핏

■ 키가 작아 열등감이 많았던 카트린드메디시스

이해가 가지 않을지 모르지만, 사람의 성감대는 발에 많이 집중되어 있다고 한다. 오늘날에도 여성의 다리나 발에 성적 흥분을 느끼는 현상인 풋 페티시즘foot fetishism에 빠져든 사람들이 있으니 말이다.

영국 식민지였던 미국 매사추세츠에서는 결혼식에 참석하는 여자들이 높은 하이힐을 신지 못하도록 했으며, 이를 어기면 마녀로 처벌한다는 법안이 1800년까지 존재했다. 그 시대 사람들도 하이힐이 다분히 남성을 유혹하는 성적인 미끼로 이용된다고 여겼던 것이다.

━━ 여성성을 강조하는 매혹적인 신발

'태양왕' 루이 14세는 자신을 돋보이려고 뒷굽을 5인치나 높인, 화려한 붉은색 하이힐을 신고 다녔다고 한다. 하지만 1789년, 프랑스 대혁명이 일어나자 하이힐은 졸지에 지탄의 대상이 된다. 왕족과 귀족들의 타락한 사생활을 상징하는 흉물이 된 것이다. 1793년, 왕비 마리 앙투아네트는 단두대에서 처형되기 전까지도 뒷굽 2인치의 하이힐을 신고 있어, 국민들에게 '죽어 가면서도 사치를 부린 악녀'라는 욕을 얻어먹었다.

대혁명의 혼돈을 잠재우고 집권한 나폴레옹은 구 왕실의 잔재를 청산한다는 의미로 하이힐을 신지 못하게 하는 법안을 만들기도 했다. 그러나 1815년, 워털루 전투에서 패배한 나폴레옹이 몰락하고 부르봉 왕가가 다시 집권하면서 하이힐도 다시 등장한다.

1860년대, 영국 빅토리아 여왕의 시대가 되자 하이힐은 상류 계층 여성들은 물론이고 평민 여성들에게도 인기 있는 상품으로 자리 잡았다. 특히, 여성의 부드러운 각선미와 발등을 강조하는 신발로 주목을 받았다.

우리나라의 경우는 구한말인 1895년, 서구식으로 머리카락을 깎는 단발령의 실시와 함께 하이힐 같은 서양식 구두가 들어왔다. 그리고 이화학당 같은 서양식 학교를 통해서 하이힐은 새로운 풍속으로 전파되어 퍼져 갔다. 그러다 1960년대 말, 미니스커트가 선보이자 제2의 전성기를 누리며 폭발적인 인기를 얻었다.

그러나 사실 하이힐은 건강에는 안 좋다. 특히, 굽이 높을수록 엄지발가락에 몸 전체의 무게 중심이 쏠려, 오래 신고 다니면 엄지발가락이 변형되어 여러 병을 유발한다. 아름다움과 건강을 함께 얻을 방법을 고민해 봐야 할 것 같다.

한족의 기를 끊어 버린 변발

변발 문제는 단순히 머리 모양이 괴상하냐 아니냐가 아니었다. 침략자와
피지배자 간의 자존심 대결이자 문화 전쟁이었다고 보는 게 더 옳다.
그러므로 변발을 하지 않는 한족들을 청나라는 결코 가만 두지 않았다.

변발.

중국인 하면 어떤 이들은 가장 먼저, 뒷머리를 길게 땋아 늘어뜨린 변발을 한 비단 장수 '왕서방'을 떠올릴 것이다. 혹시 변발을 모른다면, 1991년 개봉된 영화 〈황비홍〉을 떠올려 보시라. 황비홍 머리 스타일이 바로 변발이다. 이러한 대중문화의 이미지로 인해 많은 사람이 중국인들은 으레 옛날부터 변발을 했으려니 한다. 하지만 변발의 역사는 그렇게 오래되지 않았다. 애초에 변발은 중국 역사를 주도해 온 한족이 아니라 오랑캐 만주족이 남긴 문화다.

오랑캐 머리?

춘추전국시대부터 중국인들은 머리카락을 부모님이 물려준 소중한 유산이라 여겨 절대 깎지 않았다. 머리가 길면 묶어 틀어 올린 뒤 관을 써서 가렸다. 반면 흉노나 돌궐, 여진족 같은 북방 유목민족들은 정수리 부분의 머리카락은 깎고 양 옆은 땋아 늘어뜨리는 식의 변발을 했다. 변발을 한 이유는 물이 부족한 사막이나 초원에서 주로 살아서 머리를 자주 감기 어려웠기 때문이다. 머리를 감지 않으면 정수리 부분이 가장 가려운데, 이 때문에 정수리 부분을 몽땅 깎아 버린 것이다.

스스로를 중화中華, 즉 세계 문명의 중심으로 자부한 한족들은 이런 유목민족들을 미개한 오랑캐라며 멸시했다. 그러나 중원이 극심한 내분에 휩싸인 5호 16국 시대로 접어들면서 유목민족들이 점차 강대해져 중국을 침략하자 한족들은 어쩔 수 없이 변발 문화를 받아들여야 했다.

중국 역사상 변발이 최초로 나타난 시기는 유목민이 세운 나라들인 북조가 양쯔강 이북을 차지한, 기원후 4세기 말의 5호 16국 무렵이었다. 당시 5호라 불리던 다섯 유목민 부족을 통합한 선비족들은 머리의 정수리 부분을 깨끗이 밀어 버리고, 양 옆 머리만 길러 늘어뜨리고 살았다. 중원으로 들어와 정복자 행세를 하던 선비족들의 꼬락서니를 아니꼽게 여긴 한족들은 이들의 변발 모습을 보고 "길게 꼰 노끈 같다"며 비웃었다.

이런 한족들이 괘씸했던지, 선비족들은 화베이 지방을 통일하고 북위北魏 정권을 수립하면서 관아에서 근무하는 모든 관료에게 의무적으로 자신들과 똑같이 변발을 하라고 명령을 내렸다. 한족 관리들은 어쩔 수 없이 이 해괴망측한 요

청을 세운 태조 누르하치. 한족들에게 변발을 강요해 큰 반발을 샀다.

구를 따를 수밖에 없었다.

그나마 북위 시절에는 관리만 아니면 귀중한 머리카락을 일부러 우스꽝스럽게 잘라 내지 않아도 되었다. 하지만 17세기 말, 마침내 중국 전체가 여진족 후손인 만주족에게 정복당하자 변발은 모든 중국인을 억죄게 된다. 청의 개국자인 누르하치는 명나라 영토를 점령할 때마다 그곳에 살던 한족들에게 무조건 변발을 명령했다. 복종을 강요한 셈이다.

1644년, 베이징을 점령한 청의 실권자인 도르곤은 중국 전역에 "모든 명나라 관리와 백성, 군인들은 전부 만주족들처럼 변발을 하라! 만약 한 마을이나 성에서 단 한 명이라도 변발을 하지 않는 자가 있으면, 그 지역 사람들을 모조리 반역자로 간주하여 처형할 것이다!"고 살벌한 엄포를 놓았다.

당연히 한족들은 크게 반발했다. 차라리 목이 잘릴지언정, 결단코 오랑캐의 흉측한 머리 꼴을 하지 않겠노라며 전국

변발을 하는 청나라 사람들. 1655년 요한 니외호프 그림.

각지에서 들고일어났다. 베이징에 입성한 지 약 20년 동안이나 청나라는 이런 한족들의 반란을 진압하느라 진땀을 빼야 했다.

한족들이 변발령에 이처럼 완강하게 저항한 이유는 변발이 괴상하게 보였기 때문이다. 선비족·몽골족과 달리, 만주족들은 정수리의 머리카락을 몽땅 밀어 버리고 머리카락을 약간만 남겨 아래로 땋아 내렸다. 이때 머리 굵기가 동전 구멍을 통과할 정도로 얇아야 했다. 완성된 머리 모양이 꼭 쥐꼬리 같다고 하여 금전서미金錢鼠尾라고도 불렀다.

그러나 변발 문제는 단순히 머리 모양이 괴상하냐 아니냐가 아니었다. 침략자와 피지배자 간의 자존심 대결이자 문화 전쟁이었다고 보는 게 더 옳다. 그러므로 변발을 하지 않는 한족들은 청의 통치에 복종하지 않겠다는 뜻을 내비친 것이라, 참혹하게 학살당하곤 했다. 1645년 4월 25일, 청군은 강남의 도시 양주를 함락했는데 주민들이 끝내 변발을 하지 않자 열흘 동안 무려 30만 명을 살육하는 만행을 저질렀다. 이때의 정황을 묘사한 《양주십일기揚洲十日記》에 따르면 어찌나 많은 사람들이 죽었던지, 죽은 사람들이 흘린 피 때문에 양주성의 현판이 둥둥 떠다닐 정도였다고 한다. 이해 7월에는 강음江陰이 함락되었는데, 변발로 인해 백성

17만 2000명이 잔악하게 죽임을 당했다. 광둥성의 차오저우에서는 주민 15만 명이 청군의 칼날에 목이 잘렸다.

━ 변발을 거부한 한족

이러한 학살에도 변발에 대한 한족들의 반감은 사라지지 않았다. 태평천국의 난을 주도한 홍수전이 "오랑캐 만주족을 몰아내고 한족의 천하를 다시 되찾자!"고 한 말에서도 이런 감정을 읽을 수 있다. 반란에 가담한 이들은 청에 대한 항거의 표시로 모두 변발을 잘라 버렸다. 청나라 조정에서는 이들을 장발적長髮賊이라고 불렀는데, 변발을 하지 않고 머리카락을 길게 기른 도적이라는 뜻이다.

당연한 일이지만 태평천국의 난도 무자비하게 진압되었다. 태평천국군은 난징에서 마지막까지 저항하다 1864년 7월 마침내 함락되고 만다. 이때 청군은 성 안에 있던 부녀자와 아이들을 모두 죽이고 값나갈 만한 재물을 눈에 보이는 대로 약탈한 다음 성에 불을 질러 버렸다.

1911년 신해혁명으로 왕조가 무너질 때까지 청나라는 4억의 한족들에게 변발을 강요했고, 거역하는 자는 모두 처벌했다.

최근 경제 발전과 함께 중국에는 애국주의 열풍이 거세게 불고 있다. 그중 특히 중국 역사상 가장 강력한 제국이었던 청나라에 대한 관심이 높다. 청나라 시절이야말로 중국의 황금기였다고 극찬하는 이도 많다. 하지만 청나라 시대에 자행된 변발에 얽힌 살육의 역사를 보면 그렇게 미화할 수만은 없지 않나 싶다. 내 신체의 자유를 국가에서 멋대로 침해하고, 국가에 복종하지 않으면 가족과 동네 사람들까지 몽땅 죽여 버리겠다고 협박한 사회를 과연 맹목적으로 미화만 할 수 있을까.

6부 이기고 싶은 욕망이 하늘을 날게 하다

'속도 전쟁' 시대를 연 전차

중앙아시아에서 나타난 백인계 유목민인 아리안족들은 말 두 마리
이상이 끄는 전차戰車를 타고서 이란과 인도는 물론 유럽까지
맹렬하게 침략하며 세력을 넓혀 갔다. 이 때문에 지금까지 그다지
쓸모가 없었던 말이 인류 생활에 긴요한 동물이 되었다.

기차와 자동차가 등장하는 19세기 말까지 약 3000년간 인류의 교통수단은 말이나 소, 낙타 같은 동물과 그것들을 이용한 수레였다. 그중 가장 많은 도움을 준 동물은 단연 말이다. 멀리는 기원전 15세기 힉소스로부터 기원후 13세기 세계를 제패한 칭기즈칸의 몽골제국에 이르기까지 수많은 제국이 모두 말을 잘 다루어서 성공했다.

자동차.

인류가 최초로 말을 길들이기 시작한 때는 지금으로부터 약 6000년 전(기원전 4000년 무렵)이다. 현재 우크라이나 서부의 작은 마을인 데레이프카Dereivka에서 출토된 말뼈 52개와 재갈, 고삐가 그것을 증명한다.

▬ 전차를 이끈 말

하지만 고대 사람들은 말에 올라타서 몰지는 않았다. 당시 말들은 몸집이 작고 힘이 약해서 사람의 몸무게를 이겨내지 못했기 때문이다. 그래서 직접 타는 대신, 말에 재갈을 물리고 고삐를 매 수레를 끌게 하는 방식을 선택했다. 수레

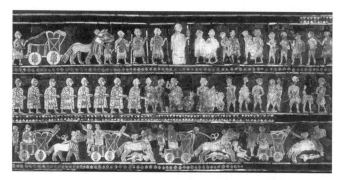
■ 인류가 아주 오래전부터 동물을 교통수단으로 이용했음을 보여 준 〈우르의 군기〉.

에 관한 가장 오래된 흔적은 기원전 2500년경, 메소포타미아 우르 지방에서 발견된 〈우르의 군기〉에 그려진 사륜四輪 수레이다. 그러나 이 그림에서 수레를 끄는 동물은 말이 아니라 당나귀였다.

말이 끄는 수레가 나타나 본격적으로 보급된 시기는 그보다 500년 후인 기원전 2000년 무렵이다. 중앙아시아에서 나타난 백인계 유목민인 아리안족들은 말 두 마리 이상이 끄는 전차戰車를 타고서 이란과 인도는 물론 유럽까지 맹렬하게 침략하며 세력을 넓혀 갔다. 이 때문에 지금까지 그다지 쓸모가 없었던 말이 인류 생활에 긴요한 동물이 되었다. 사람이 걷는 속도보다 훨씬 빠르게 원하는 곳까지 실어다 주는 전차는 당시로서는 그야말로 혁명적인 발명품이었다.

아리안족에게서 전차 조종법과 말 사육법을 배운 서아시아의 유목민 힉소스족은 기원전 1750년, 중동에서 가장 부유하고 강력한 제국인 이집트를 공격해 정복하는 데 성공한다. 당시 이집트인들은 말은 물론이고 수레의 존재조차 전혀 몰랐다. 소식이나 물자를 일일이 사람이 전달했다. 군대도 기마병이나 전차병 없이 걸어 다니는 보병으로만 구성되어 있었다. 이런 이집트인들에게, 갑자기 지평선 너머에서 먼지바람을 일으키며 번개처럼 나타난 전차와 그것을 모는 말의 모습은 충격과 공포의 대상이었다.

더욱이 전차 위에서 힉소스 병사들이 쏘아 대는 활은 놀라울 정도로 명중률이 높았다. 이집트를 연구하는 고고학자들이 당시에 쓰인 전차를 복원해 달리면서 활을 쏘아 보았는데, 10발 중 9발이 명중했다고 한다. 이 정도로 전차는 안정된 활쏘기 발판을 마련해 주었다.

전차 궁수들이 퍼붓는 화살 세례를 견디다 못한 이집트 병사들이 달려가서 육박전을 벌이려 해도 소용없었다. 힉소스인들이 재빨리 말을 몰아 달아났기 때문이다. 사람보다 두 배는 더 빨리 달릴 수 있는 말의 기동력과 뛰어난 원거리 무기인 활의 힘으로 힉소스인은 이집트인들을 정복할 수 있었던 것이다.

　이처럼 우수한 기술에 눌린 이집트인들은 약 120년간 힉소스인들의 지배를 받는다. 그러면서 전차 조종법과 말 사육법을 배운다. 기원전 1539년, 힉소스의 눈을 피해 멀리 이집트 남부에서 힘을 기르고 있던 테베 왕국의 국왕 아흐모세Ahmose 1세는 왕위에 오르고 나서 약 10년 동안, 전 국력을 기울여 전차 수천 대와 전차를 몰 말 수천 마리를 마련하는 데 성공한다.

　마침내 아흐모세 1세는 수천 대의 전차가 주축이 된 대군을 이끌고 북부 이집트로 쳐들어가 힉소스인들을 격파한다. 그들의 수도인 아바리스를 함락하고 살아남은 힉소스인들을 모두 이집트에서 쫓아냈다. 이집트인들을 굴복시켰던 힉소스인들의 전차와 말이 어느새 이집트인들의 무기가 되어 힉소스인들을 쳐부수는 데 쓰인 것이다.

　자유를 되찾은 이집트인들은 힉소스인들이 남긴 유산인 전차와 말을 더욱 훌륭하게 개량한다. 전차 몸체는 좀 더 가볍게 만들고 바퀴살은 여섯 개로 나누어 속력을 더 낼 수 있게 했다. 서아시아에서 좋은 품종의 말을 계속 들여와 개량도 했다. 이로 인해 팔레스타인 지방의 사람들은 이집트 말

힉소스인들을 추격하는 이집트 파라오 아흐모세 1세

을 손에 넣기 위해 안간힘을 썼다. 《구약성경》의 〈이사야〉 31장 1절(도움을 얻으려고 이집트로 내려가는 자들에게 화가 있을 것이다. 그들은 말과 전차와 마병과 같은 이집트의 막강한 군사력은 의지하면서도 이스라엘의 거룩하신 하느님 여호와를 의지하지 않고 그의 도움을 구하지도 않는다)을 보면, 예언자 이사야는 이스라엘 왕국이 전차 끌 말을 얻기 위해 이집트에 의존하고 있는데, 이집트는 강력한 전차와 말을 하느님보다 더 믿는 나라라며 강하게 비판한다. 이 말은 그 정도로 이집트의 전차와 말이 훌륭했다는 뜻이기도 하다.

▬ 전차부대의 격돌, 카데시 전투

물론, 이집트만 전차와 말을 능숙하게 다루었던 것은 아니다. 기원전 14세기 무렵, 지금의 터키에서 일어난 히타이트 왕국도 전차와 말을 잘 활용해 서아시아 일대를 위협하는 강대국으로 군림했다. 히타이트의 전차는 이집트와는 달리, 말 세 마리가 끌고 마부까지 합쳐 모두 세 명이 탔다. 말과 사람의 무게가 많이 나가 기동성은 떨어졌지만, 무력 측면에서는 이집트보다 더 막강했다.

이집트와 히타이트, 두 나라의 전차 문화가 격돌한 사건이 바로 기원전 1275년의 카데시 전투였다. 보병 약 2만 명과 전차 2000대로 구성된 군대를 이끌고 팔레스타인 북부의 카데시로 진군한 이집트 국왕 람세스 2세는 이동하다가 히타이트 군대의 기습을 받고 큰 곤경에 처한다. 히타이트는 이집트의 선두에 선 라와 아몬 부대를 급습해 궤멸했다. 당시 히타이트 군대가 크게 의지한 것은 삼두전차였는데, 전차병들은 활 대신 방패와 창으로 무장하고는 근접전을 벌였다.

군의 절반이 죽는 절체절명의 위기 상황에 놓였지만, 람세스 2세는 절망하지 않고 군을 재편성하여 반격했다. 직접 전차부대를 이끌고 히타이트군에게 적당한 거리를 유지하면서 화살을 쏘아 댔다. 히타이트의 전차가 근접전에는 강력하지만, 활이 없어서 원거리 공격에는 속수무책이라는 약점을 노린 절묘한 선택이었다.

람세스 2세가 전차부대를 지휘하면서 히타이트 군대를 잡아 둔 사이에, 라와 아몬 부대 패잔병들은 재집결했다. 그리고 후방에 머물던 이집트군에 소속된 가나안 용병 부대와 함께 히타이트군의 본진을 공격했다. 그러자 히타이트군에서는 전사자와 부상자가 속출하고 병사들의 사기도 떨어져 결국 철수하게 된다.

자국으로 돌아간 이집트와 히타이트군은 서로 자신들이

이겼노라 우겼지만, 사실은 두 나라 모두 막대한 국력 소모만 한 채 아무것도 얻지 못했다. 이 전투에서 선보인 전차부대는 그로부터 약 1천 년간 서아시아 나라들의 주력 부대가 되었다.

━ 사두마차를 쓴 아시리아

기원전 9세기, 지금의 시리아 동부에 기반을 둔 신흥 강대국 아시리아는 전쟁용 말을 육성하는 데 심혈을 기울였다. 이집트나 히타이트 군대가 쓰는 말보다 몸집이 크고 체력도 강건한 말을 길러 냈다. 그 결과 아시리아의 국왕인 투쿨티 니누르타 2세는 전차가 아닌 사람의 체중을 견뎌 낼 만한 우람한 군마를 생산해 본격적으로 기마병을 편성했다. 아시리아 기병대는 원거리에서 활을 쏘는 궁기병과 창과 칼을 들고 직접 적진으로 뛰어들어 육박전을 벌이는 중장기병으로 나뉜다.

━ 아시리아의 전차와 기병.

히타이트의 삼두전차에 강한 인상을 받은 투쿨티 니누르타 2세는 삼두전차도 더욱 강력하게 개량했다. 말 네 마리가 전차를 끌고 마부를 포함한 네 명이 타도록 했으며, 탑승원 전원이 사슬갑옷을 입고 활과 검을 착용하도록 했다. 근거리, 원거리 전투 모두를 대비한 것이다. 또, 전투 시에 무방비 상태가 되는 마부를 보호하기 위해 전투원 두 명이 양 옆에서 방패로 마부를 가리도록 했다.

아시리아 군대의 전술은 다음과 같았다. 전투가 시작되면 먼저, 말 네 마리의 고삐를 쥔 마부와 그에 딸린 전투원 세 명이 탑승한 전차부대가 선봉에 서서 적을 향해 돌격하여 대열을 흐트러뜨린다. 중무장한 기병대가 그 뒤를 따르고, 양 측면에서는 궁기병들이 빠른 속도로 질주하면서 활을 쏘아 대어 적진을 혼란에 빠뜨리는 방식이었다.

전차부대와 기병대 등이 유기적으로 조합을 이룬 아시리아 군대는 그야말로 천하무적이었다. 아시리아제국은 북방의 우랄투와 메디아 왕국은 물론이고 유구한 고대 문명의 발상지인 수메르와 바빌론마저 삽시간에 정복했다. 여세를 몰아 기원전 656년, 마침내 이집트마저 손에 넣었다.

아시리아의 아수르바니팔Ashurbanipal 왕은 수많은 나라를 멸망시키고 그 민족을 노예로 삼았는데, 그 일이 무척 자랑스러웠던지 궁전 벽에다 "나는 산에서 그들의 살가죽을 벗기고 땅을 피로 물들였다"는 무시무시한 글귀를 태연하게

새겨 놓았다고 한다. 그러나 영화가 계속될 것만 같았던 아
시리아제국도 아수르바니팔 왕이 죽으면서 기울기 시작한
다. 왕위를 둘러싸고 내분이 일어난 데다 잔혹한 압제에 분
노한 속국들이 반란을 일으켜 결국 멸망하고 만다. 하지만
아시리아인들이 고안해 낸 전차와 기병대의 전술은 다음 국
가인 페르시아로 이어진다.

▬ 기마병을 본격적으로 도입한 페르시아인

페르시아는 아시리아와는 달리 관용적이었다. 그 때문에
아시리아보다 더욱 넓은 영토를 정복하고서도 훨씬 안정적
으로 다스릴 수 있었다. 본래 이란 남부의 유목민이었던 페
르시아인들은 기마 문화와 전차에 익숙했다. 그들은 사두전
차와, 비늘갑옷으로 말과 사람까지 모두 무장한 철기병을
도입했다. 이전 왕조인 아시리아에서 사람의 체중을 견딜
수 있는 크고 힘센 말을 만드는 데 끊임없이 노력한 덕분에
페르시아는 우수한 말을 쉽게 손에 넣을 수 있었다. 더욱이
페르시아 고원 지대에서는 자주개자리가 잘 자랐는데, 이
풀을 먹이면 건초나 사료를 먹일 때보다 말들이 훨씬 더 건
강해졌다.

268

이러한 페르시아인의 노력으로 인해 비로소 전차를 끄는 말이 아닌, 사람을 직접 태우고 다니는 전투용 말이 세계사의 무대에 본격적으로 등장한다. 물론, 기마병 이외에도 페르시아인들은 이전 왕국들처럼 전차도 사용했다. 간혹 페르시아 각지에서 반란이 터지면 사두전차가 투입되고는 했다. 페르시아인들은 물체를 살짝 스치기만 해도 치명적인 부상을 입힐 수 있게 전차 바퀴와 말 옆구리에 날카로운 낫과 칼을 달았다.

▬ 수레로 남은 전차

그러나 이러한 노력에도 전차는 역사에서 서서히 사라진다. 기원전 331년, 가우가멜라Gaugamela 전투에서 페르시아 황제 다리우스 3세는 전차 약 200대를 투입했다. 전차전을 대비해 미리 전투가 벌어질 가우가멜라 평원을 평평하게 다지고 돌멩이까지 골라냈다. 하지만 페르시아군과 대적하던 마케도니아의 알렉산드로스 대왕이 한 수 위였다. 그는 전차가 다가오면 대열을 넓혀 그냥 지나가게 한 다음, 뒤에서 창을 던지거나 전차에 올라타 마부들을 끌어내리라고 지시했다. 직접 전차에 맞서지 말라고 한 것이다. 마케도니아 병사들은 대왕의 명령대로 했고, 결국 다리우스 3세가 심혈을 기울여 준비한 전차부대는 무력하게 패하고 말았다. 이런 점에서 가우가멜라 전투는 서양에서 획기적인 사건으로 꼽는다. 오랫동안 전투용으로 쓰이던 전차가 발달된 보병 전술에 밀렸기 때문이다.

이후에도 카르타고나 폰토스 같은 왕국들은 계속 전차를 썼지만, 새로 등장한 강국인 로마군의 유기적으로 잘 조직된 보병 전술에 밀려 연전연패하고 끝내 멸망하고 말았다.

동양에서도 비슷한 시기에 같은 일이 있었다. 기원전 14세기인 상나라 때부터 계속 사용되던 전차가 기원전 2세기인 한나라 중기에 이르러 군에서 밀려난 것이다.

중국의 전통적인 전차는 말 네 마리가 끌고 세 명이 타는 구조였는데, 전차가 너무 무거운 데다 평지가 아닌 길에서는 제대로 다닐 수도 없어서 불편하기 그지없었다. 말들을 기르고 전차를 만드는 데도 비용이 많이 들어가 말 한 마리만 있으면 되는 기마병에 비해 너무나 비효율적이었다. 한나라가 들어서면서 주적이 된 북방의 흉노족들은 날렵한 기마병을 내세워 무겁고 느린 전차를 몰고 다니는 한나라 군사들을 우롱하면서 마음껏 노략질을 일삼았다.

이에 격분한 한나라 무제武帝는 흉노족을 효과적으로 막

■ 마차를 타고 가는 서부 개척민들과 그들을 습격하는 북미 원주민들의 모습을 현대에 재현한 모습.

기 위해 멀리 중앙아시아로부터 한혈마汗血馬라 불리는 품종이 우수한 말을 들여와 길렀다. 이 한혈마를 탈 기병 수십만 명도 양성해 흉노족을 격파하고 동아시아를 제패하기에 이른다.

그와 동시에 전차는 전장에서 서서히 사라졌다. 한이 거의 무너지는 기원전 1세기 무렵에는 전차 대신 말을 직접 몰고 다니면서 싸우게 되었다. 하지만 공격용 무기로는 쓸모가 없어졌어도 수레는 여전히 중요한 운송수단으로 쓰였다. 사람들은 말이나 소가 끄는 수레를 타고 이동하거나 수레에 농산물, 생산품 등을 실어 날랐다. 아직 자동차가 등장하지 않은 19세기 초, 미국의 서부 개척시대에 이주민들을 황량한 서부로 태워 날랐던 운송 수단 역시 말들이 이끄는 대형 마차였다. 또한 이주민들은 마차를 타고 가다가 북미 원주민(인디언)들의 기습을 받으면, 마차에서 내린 다음 마차들을 서로 묶어 둥그렇게 진을 짠 다음, 그 뒤에 숨어서 원주민들의 공격을 막아내면서 총으로 반격을 가하는 용도로 사용했다. 즉, 19세기 미국의 대형 마차들은 운송 수단인 동시에 주민들의 생명을 지키는 방어용 도구였던 셈이다.

여행광 왕의 이기적인 발명품,
도로

길을 닦아 놓으니 빠르고 편하게 다닐 수 있다는 사실을 깨달은
진시황은 문득, 이런 편리함을 자신만 누릴 것이 아니라 국가 전체에
미치게 해야겠다고 결심한다.

도로.

현대와 같은 고속도로는 이미 고대에도 존재했다. 기원전 6세기 중동을 통일한 페르시아제국과 기원전 221년 중국을 최초로 통일한 진시황의 진나라에서는 사람은 물론이고 말이나 마차의 원활한 통행을 위해 인공도로를 국가 정책의 일환으로 닦았다.

혼란에 빠진 페르시아제국을 다시 재건한 다리우스 황제는 나라의 서쪽 끝인 소아시아의 사르디스Sardis에서 수도인 수사Susa까지 이어진 도로 2703킬로미터를 건설했다. 그리스의 역사학자 헤로도토스는 이 도로를 '왕의 길'이라고 불렀다.

여행광 왕의 아이디어

'왕의 길'은 훗날 몽골제국에서 고안한 역참제(중앙과 지방 사이 소식을 전달하는 교통·통신기관)의 원형이다. 24킬로미터 지점마다 빠른 말들을 배치해 놓아, 황제의 명령이 떨어지면 전령이 쉬지 않고 달려갈 수 있도록 조치했다. 이로 인해 페르시아의 모든 도시에서는 아무리 먼 곳에서 들려온

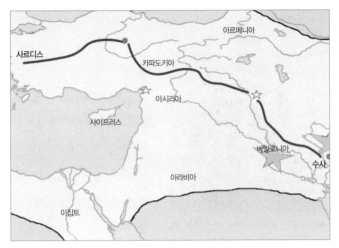

소식이라도 15일 안에 알 수 있었다고 한다. 당시로서는 가히 최첨단 정보 시스템이라고 할 만하다. 헤로도토스는 왕의 길을 가리켜 "거세게 퍼붓는 눈과 비나, 뜨거운 더위와 가혹한 추위도 이들 전령을 막을 수 없다"며 극찬했다.

페르시아보다 300년 늦었지만, 고대 중국에서도 천하를 통일한 진나라가 도로 건설에 뛰어든다. 이 공사는 진시황 개인의 취미에서 비롯되었다. 진시황은 수도 함양의 동남쪽 근교에 있는, 풍광이 뛰어난 여산驪山으로 놀러 가는 것을 좋아했다. 그런데 흙길이 울퉁불퉁해 수레를 오래 타고 가

진시황은 여행을 좋아했다. 그 때문인지 객사라는 비운을 맞지만 말이다.

다 보면 몸이 불편했다. 이 때문에 도로를 닦도록 한 것이다.

기원전 221년, 수도 함양에서 여산에 이르는 길을 닦아 도로가 생겨났으니 바로 용도甬道였다. 황제만 이용하는 도로라, 길 양쪽에 돌담을 쌓아 올려 백성들이 지나가는 왕을 보지 못하게 했다. 길을 닦아 놓으니 빠르고 편하게 다닐 수 있다는 사실을 깨달은 진시황은 문득, 이런 편리함을 자신만 누릴 것이 아니라 국가 전체에 미치게 해야겠다고 결심한다.

이에 수도 함양과 각 지방을 연결하는 치도馳道라는 도로들이 속속 만들어졌다. 치도는 두 부분으로 나뉘어 있었다. 도로 중심부는 진시황과 호위 군사들이 이용하는 천자도天子道로, 폭이 10미터 정도다. 양쪽에는 황제를 보호하기 위한 3장(약 3미터) 높이의 돌담이 쌓여 있었다. 천자도 양쪽에 있는 도로는 폭이 약 30미터로 일반 군사들이 이용했다. 이렇게 보면 치도는 자그마치 폭이 70미터나 되는 크고 넓은 도로였던 것이다. 치도는 당시 세계에서 가장 부유하고 거대한 제국이었던 진의 위용을 과시하는 상징물이었다.

그러나 진시황은 천하를 통일하고도 두 번이나 암살될 뻔했다. 그로 인해 자신이 통일한 천하가 아직도 불안정하며, 지방 곳곳에서는 여전히 진나라에 반대하는 세력들이 숨어 있다는 사실을 절감한다. 이 때문에 반란의 싹을 아예 없애기 위해 온량거라는 수레를 타고 자주 지방을 돌았는데, 이때 치도를 이용했다. 결국 기원전 210년, 진시황은 순행 중 병을 얻어 오늘날 허베이성 사구沙丘의 평대平臺라는 곳에서 죽음을 맞는다. 그의 죽음과 함께 그가 평생을 걸쳐 이루어 온 통일천하도 진승, 오광 같은 억압받던 민중들의 격렬한 봉기로 순식간에 무너져 내렸다.

■■ 잘 짜인 네트워크, 로마의 가도

치도처럼 넓지는 않았지만, 다양한 용도로 쓰여 주목받는 도로가 있으니 바로 로마제국의 가도다.

로마에서 가도가 만들어진 것은 기원전 500년으로, 로마가 작은 도시국가에 불과할 때였다. 초기에 로마는 에트루

로마인들이 만든 가도의 유적

리아 사람들의 지배를 받았는데, 원형경기장의 검투사 시합이나 전차 경주 같은 많은 문화를 이들에게서 배웠다. 가도의 건설도 그중 하나다. 에트루리아 사람들한테 가도 건설 기술을 배운 로마인들은 발길이 닿는 지역마다 가도를 만들기 시작했다. 최초의 가도인 가비 도로(Via Gabina)는 기원전 500년에 만들어졌고, 기원전 490년에 라티움 도로(Via Latina, 로마에서 남동쪽으로 약 200킬로미터), 449년 노멘툼 도로(Via Nomentana, 로마에서 지금의 멘타나에 이르는 약 23킬로미터), 421년 라비키 도로(Via Labicana, 로마에서 동남동 지역까지), 361년 소금도로(Via Salaria, 로마에서 지금의 마르틴시쿠로까지)로 이어진다.

로마의 도로들은 페르시아, 진나라 도로보다 더욱 다양한 용도로 쓰였는데, 새로운 소식을 전하는 것은 물론이고 가축이나 무역 상품을 실은 수레가 오가는 길이었으며 군대가 이동하는 통로였다. 즉, 로마 사회에서 일어나는 거의 모든 일이 바로 가도를 거쳐 전해졌다.

로마제국의 절정기에 영토 곳곳으로 뻗어 나간 도로망은 무려 40만 킬로미터나 되었는데, 그중 잘 포장된 도로들만 8만 500킬로미터 정도였다. 갈리아(프랑스)에서는 2만 1000킬로미터, 로마제국에서 가장 변방이라고 할 수 있는 브리

■ 로마 시대에 가도를 따라 설치된 원형 표
시판.

튼(영국)에서는 4000킬로미터의 가도망이 만들어졌다. 군사용 도로 29개가 따로 닦이기도 했다. 로마의 가도는 모두 372개로 서로 연결되어 있었으며, 이 가도들을 중심으로 지방을 113개로 분할해 운영했다.

가도는 4단계로 건설된다. 맨 아래층은 폭 2.4에서 4.9미터에 깊이 1.5미터로 파내려간다. 깊이 3분의 1 정도까지 자갈 등으로 채운다. 그리고 석회와 콘크리트, 돌을 섞은 것으로 그 위를 포장한다. 그 위에 잘 빻은 돌을 깔고, 마지막으로 도로 넓이에 맞추어 돌들을 놓는다. 가도 옆에는 빗물이나 하수가 잘 빠져 나가도록 배수구까지 설치되었다.

가도들에는 도시나 신전 등 중요한 곳의 위치와 거리를 알려주는 둥근 돌기둥 형태의 표시판도 부착되어 있었다. 지금으로 치면 고속도로 안내판 같은 것인데, 약 1.524킬로미터 간격으로 세워져 있었다.

가도 중 가장 작은 것은 폭이 2.4미터였고, 큰 것이라야 4.9미터 정도였다. 70미터나 되었던 진나라 치도에 비하면 소박하다 못해 초라할 정도로 좁지만, 국민들 생활과 관련지어 그리 만든 것임을 기억해 둬야 할 것 같다.

로마의 가도들은 국가가 직접 관리했지만, 부유한 세력가나 지방 유지들이 나서서 손을 대기도 했다. 로마의 법학자 울피아누스Ulpianus에 따르면, 로마 가도는 공공 도로(Viae publicae), 사설 도로(Viae privatae), 지역 도로(Viae vicinales) 3가지로 분류되었다. 공공 도로는 국가에서 건설과 관리, 유지, 보수를 하는 도로이고, 사설 도로는 말 그대로 개인이 만든 것으로 도로 이름에 건설한 사람 이름이 붙는다. 로마인들은 사설 도로 만드는 일을 훌륭한 공공 봉사라고 여겨, 웬만큼 돈이 있는 사람들은 도로 건설에 기꺼이 나섰다. 유명한 개혁 정치가인 가이우스 그라쿠스는 짐수레 끄는 사람들을 위해 도로에 표시판을 설치했고, 역사가인 디오 카시우스 또한 자신이 경비를 대어 가도를 보수했다. 마지막으로 지역 도로는 수도 로마가 아닌 지방에 깔린 도로였는데, 오늘날의 국도와 비슷하다고 보면 된다. 길이 쭉 뻗어 있기보다는 꼬불꼬불 엉켜 있는 경우가 많아서 빨리 달려 소식을 전해야 하는 전령들은 잘 이용하려 들지 않았다.

로마 가도망은 "모든 길은 로마로 통한다"는 호언장담이 나올 정도로 잘 짜인 네트워크였다. 로마가 몰락하고 나서도 가도는 금방 사라지지 않았다. 서로마제국보다 훨씬 오래 존속한 동로마제국(비잔티움제국)은 가도를 군사 원정과 물자 수송에 유용하게 이용했다. 로마가 망하고 난 뒤, 영국을 침략한 색슨족들도 로마가 건설한 가도를 따라 이동하면서 토착민 켈트족들을 점령해 나갔다. 지금도 이탈리아의 로마 시가지에서는 옛 로마제국 시절에 만든 가도들을 그대로 사용하고 있다. 그만큼 잘 포장되어 있다.

▬ 자동차와 함께 등장한 고속도로

현대식 고속도로가 들어선 것은 19세기 말로 자동차가 발명되면서다. 1922년 이탈리아에서 고속도로가 처음 등장했고, 1932년 독일 본Bonn에서 자동차들만 다닐 수 있는 고속도로가 완공되었다. 고속도로의 대명사가 된 독일의 아우토반Autobahn은 1932년 8월 6일에 첫선을 보였는데, 아우토반이 건설되고 나서 얼마 지나지 않아 히틀러의 나치당이 집권했다. 히틀러는 세계 대공황의 여파로 양산된 실업자 600만 명을 구제하기 위해 아우토반을 확충했다.

2차 대전이 끝나면서 다른 나라에도 고속도로가 알려졌다. 영국과 미국에서도 고속도로가 만들어졌다. 한국에서는 1970년대에 박정희 군사정권과 정주영 고 현대그룹 명예회장이 손잡고 전국에 고속도로를 건설했다.

이처럼 도로는 고대 페르시아와 중국을 거쳐 로마 시대에 근간을 이루었고, 20세기 자동차의 등장과 함께 새롭게 탄생해 우리 곁에 나타난 셈이다. 먼 거리를 더 빠르고 편하게 가고 싶어 하는 인류의 욕망이 거리라는 장애물을 뛰어넘은 것이다. 인간의 욕망이 문명을 발달시키는 원동력이라는 말에 고개가 끄덕여진다.

지상전에 쓰인 비차

비차를 발명한 이는 정평구라는 하급 군관이었다. 그는 1593년 6월 19일 제2차 진주성 공방전에 참전했는데, 보급에 곤란을 겪자 7일 동안 연구에 매진해 비차를 만들었다고 한다. 정평구는 비차를 타고 진주성 밖으로 나가 곡식을 실어 와 백성들에게 먹이고, 종이로 싼 화약을 싣고 가 왜군에게 던지는 '폭격'도 하며 나름대로 선전했다.

인류의 오랜 꿈 중 하나가 하늘을 나는 것이었다. 역사상 최초의 비행은 그리스 신화에 등장한다. 아테네 출신의 기술자인 다이달로스는 크레타 왕국에 갇혀 있던 중, 새들이 떨어뜨린 깃털을 보고 기발한 발상을 한다. 녹인 밀랍으로 두 어깨에 깃털들을 붙여 두 장의 커다란 날개를 만든 것이다.

비행기.

당시 크레타 왕국의 미노스는 전 그리스에서 가장 강력한 군주였다. 막강한 함대와 군대로 아테네를 포함한 그리스를 복속시킨 그는 "크레타를 둘러싼 바다는 모두 나의 것!"이라며 큰소리를 칠 정도로 기고만장했다.

하지만 해군과 육군으로 바다와 육지를 틀어막아도 저 높은 하늘만은 미노스도 손댈 수 없었다. 다이달로스는 아들 이카로스와 함께 날개를 달고 미노스 왕의 감시를 피해 하늘 높이 날아올랐다. 그리고 도망치는 자신을 보고 분노하며 발을 동동 구르는 왕을 내려다보면서 호탕하게 외쳤다.

"바다와 육지는 당신 것이라 해도, 하늘은 아니네."

■ 〈이카로스와 다이달로스〉, 1869년 프레드릭 레이튼 그림.

하늘을 날자 가장 신났던 쪽은 늙은 다이달로스보다 젊은 이카로스였다. 그런 아들이 못내 불안했던지, 다이달로스는 "너무 높이 날면 밀랍이 태양에 녹아 날개가 떨어지고, 너무 낮게 날면 바닷물에 날개가 젖어 버리니 적당한 중용을 유지해야 한다"고 충고했다. 그러나 젊음의 혈기가 왕성했던 이카로스는 어느새 아버지의 당부를 잊어버리고 하늘 높이 날아올랐다. 그대로라면 태양에라도 닿을 수 있을 것 같았다.

그러나 이카로스의 날개는 곧 태양의 열기에 녹아내리고 말았다. 뒤늦게 이카로스가 고도를 낮추려 했지만, 이미 밀랍이 녹아 날개는 깃털로 흩어진 뒤였다. 이카로스는 키클라데스 제도의 섬에 추락해 죽음을 맞는다.

■ 조선의 비행기 '비차'

신화가 아닌 실제로 하늘을 날려고 했던 사람은 없었을까? 당연히 있었다. 놀랍게도 조선 사람이었다. 조선 후기 학자인 신경준이 지은 《거제책車制策》과 이규경이 쓴 《오주연문장전산고五洲衍文長箋散稿》에 따르면, 임진왜란 당시에 비차飛車라는 하늘을 나는 비행기구가 사용되었다고 한다.

비차를 발명한 이는 정평구라는 하급 군관이었다. 그는 1593년 6월 19일 제2차 진주성 공방전에 참전했는데, 보급에 곤란을 겪자 7일 동안 연구에 매진해 비차를 만들었다고 한다.

정평구는 비차를 타고 진주성 밖으로 나가 곡식을 실어와 백성들에게 먹이고, 종이로 싼 화약을 싣고 가 왜군에게 던지는 '폭격'도 하며 나름대로 선전했지만, 왜군이 쏘아댄 조총에 비차가 추락하면서 전사했다고 전해진다.

비차가 어떤 모습이었고, 어떻게 만들어졌는지는 확실히 모른다. 《거제책》과 《오주연문장전산고》에 남아 있는 자료들을 모아 추측해 보면 이렇다. 제비 날개를 단 수레에 네 사람이 올라타 풀무질을 해서 날개에 바람을 불어 넣으면 수레가 뜨는 원리였다. 30리(약 12킬로미터) 정도 날았고, 바람이 조금만 심해도 날 수 없었다고 한다.

몇 년 전, KBS 역사스페셜 제작진은 건국대 기계항공학부 교수들과 함께 '비차 복원'이라는 과감한 시도를 했다. 만들어진 비차는 대나무와 광목천으로 길게 날개를 편 행글라이더 형태였는데, 결과로만 따지면 성공이었다. 복원된 비차는 바람을 타고 약 70미터를 멋지게 날아갔다.

하지만 이 시도를 회의적으로 보는 이도 적지 않다. 우선,

비차를 행글라이더라고 단정한 설정 자체가 틀렸다는 것이다. 《오주연문장전산고》에 따르면, 비차에는 네 사람이 탄다고 돼 있는데, 역사스페셜 측에서 만든 비차에는 고작 한 사람밖에 탈 수 없기 때문이다. 더욱이 넷이서 풀무질을 한다는 대목은 어떻게 해석해야 할지도 의문으로 남는다.

이런 이유로 몇몇 사람은 비차가 행글라이더가 아닌 열기구 형태라고 주장한다. 열기구는 네 명까지 탈 수 있고 그 안에서 뜨거운 공기를 풍선에 계속 주입해 나는 구조이기 때문이다.

▬ 몽골피에 형제의 열기구

현대적인 열기구를 처음 만든 이는 프랑스의 몽골피에 형제였다. 1783년 11월 21일, 프랑스의 조제프 몽골피에Joseph Montgolfier는 동생 자크와 열기구에 올라타 하늘을 날았다. 이 형제는 뜨겁게 가열한 공기를 비단으로 만든 커다란 풍선에 넣어 200미터까지

▬ 몽골피에 형제가 만든 열기구.

날아오르는 데 성공했다.

몽골피에 형제가 만든 열기구는 프랑스혁명이 터지면서 한동안 군사용으로 활용되기도 했다. 특히, 나폴레옹은 열기구가 날아오르는 점을 놀랍게 여겨 군사 작전에서 정찰용으로 이용하는 방침을 세우기도 했다. 하지만 이런 나폴레옹의 계획은 오래가지 않았다. 열기구는 하늘에 떠 있는 특성 때문에 금세 적의 눈에 띄었고, 더욱이 너무 느렸다. 기구가 뜨면 적들이 집중 사격해 기구에 탔던 정찰병은 피투성이가 된 채로 죽어 나가기 일쑤였다. 결국, 나폴레옹은 기구 활용을 포기하기에 이른다.

하지만 이카로스 신화에서 비롯된, 하늘을 날고 싶은 인류의 꿈은 비행기와 우주왕복선으로 실현되었으며, 또 다른 모습으로 계속 거듭나는 중이다.

하늘에서 폭탄의 비를 퍼붓는
죽음의 사자, 폭격기

전 세계의 주요 강대국들은 공중 폭격을 무척 매력적인 전술로 보기 시작했다. 높은 하늘은 지상과 거리가 멀어, 아군이 마음대로 폭탄을 떨어뜨려도 적에게 반격 받을 위험성이 적다. 즉, 마음대로 상대를 공격해도 나는 다치지 않는 이상적인 조건이다. 그리하여 강대국들은 앞으로 다가올 전쟁을 대비하여 서로 앞 다투어 비행기와 폭격 기술을 더욱 개발하였다.

두 발로 걸어야 하는 땅의 속박에서 벗어나, 드넓은 하늘을 자유롭게 날아다니는 것이야말로 인류의 오랜 꿈이었다. 그 꿈은 1903년 미국의 라이트 형제가 비행기를 만들어 하늘을 나는 데 성공하면서 실현되었다.

그러나 최초의 비행기가 발명되고 얼마 되지 않아, 인류는 하늘을 새로운 전쟁의 공간으로 사용하기 시작했다. 하늘에서 적의 군대나 기지 및 도시를 향해 폭탄을 퍼붓는 방식의 공중 폭격전이 등장한 것이다.

▬ 아프리카에서 시작된 최초의 공중 폭격

1911년 10월 26일 이탈리아 군대는 비행기를 동원하여 북부 아프리카의 리비아를 폭격했다. 당시 리비아는 오스만 제국(터키)의 영토였는데, 영국과 프랑스에 비해 해외 식민지가 적었던 이탈리아는 쇠약해지는 오스만 제국으로부터 리비아를 빼앗기 위해 비행기를 동원하여 폭격을 했다. 이 폭격 자체는 전황에 그리 큰 영향을 미치지 못했으나, 그 후에 시작될 공중 폭격의 시대를 본격적으로 연 계기라는 점에서 매우 중요하다.

1914년에 시작된 1차 세계 대전에서도 공중 폭격전이 벌어졌다. 당시 독일은 막강한 해군을 지닌 영국을 굴복시킬 방법을 찾다가, 공군을 동원한 폭격이 그 해답이라고 보고, 1915년부터 대형 비행선인 체펠린Zeppelin을 영국의 하늘에 보내어 폭격을 퍼부었다. 체펠린의 폭격으로 인한 피해는 크지 않았으나, 이 사건이 영국인들에게 준 정신적 충격은 매우 컸다. 예상치 못한 시간과 장소에서, 하늘을 나는 적이 폭탄을 떨어뜨려 사람과 건물을 파괴할지 모른다는 두려움이 생겨났던 것이다.

당시에는 기술적 한계로 인해 폭격이 실제로 적에게 주는 피해가 미미했다. 하지만 전 세계의 주요 강대국들은 공중 폭격을 무척 매력적인 전술로 보기 시작했다. 높은 하늘은 지상과 거리가 멀어, 아군이 마음대로 폭탄을 떨어뜨려도 적에게 반격 받을 위험성이 적다. 즉, 마음대로 상대를 공격해도 나는 다치지 않는 이상적인 조건이다. 그리하여 강대국들은 앞으로 다가올 전쟁을 대비하여 서로 앞 다투어 비행기와 폭격 기술을 더욱 개발하였다.

1차 대전 때보다 더욱 강력해진 폭격전의 위력을 증명한 사건이 1920년에 일어났다. 영국이 동원한 12개의 폭격기가 오늘날 소말리아 북부인 소말릴랜드를 폭격한 것이다. 당시 소말릴랜드는 이슬람교 율법 학자인 모하메드 압둘라

■■■ 독일군이 1차 세계 대전에서 만들어 사용한 체펠린 비행선.

하산Mohammed Abdullah Hassan이 만든 데르비시Dervish 교단이 지배하고 있었는데, 하산은 영국에 맞서서 1898년부터 게릴라전을 벌였다. 이에 영국은 하산과 데르비시 교단을 굴복시키기 위하여 새로운 전술인 공중 폭격을 도입, 데르비시 교단을 목표로 12개의 폭격기를 이용한 공중 폭격을 퍼부었다. 영국의 폭격기는 데르비시 교단의 관계자와 시설들을 상대로 폭탄과 기관총을 퍼부었고, 하늘에서 쏟아지는 이 공격에 소말릴랜드인들은 도저히 반격하거나 저항할 수 없었다. 이 폭격으로 인해 데르비시 교단은 엄청난 피해를 입었다. 1년 후 하산이 병사하면서 데르비시 국가는 23년에 걸친 투쟁을 끝내고 멸망하였다. 1921년 소말릴랜드는 영국의 식민지로 전락하였다.

■ 2차 세계 대전, 본격적인 공중 폭격의 시대가 열리다

소말릴랜드 원주민들의 저항을 파괴한 영국의 공중 폭격 전술을 다른 제국주의 국가들도 재빨리 연구하고 도입하였다. 그 결과 2차 세계 대전에서는, 서로가 적국을 향해 대규모의 공중 폭격을 퍼붓게 되었다.

1차 세계 대전처럼 독일은 영국에 비해 약한 해군력을 공

2차 대전 시기 영국 공군이 독일의 드레
스덴을 폭격하고 난 직후 사진.

중 폭격으로 극복하고자 1940년 7월 10일부터 10월 31일까지 런던을 목표로 무려 2550기의 공군기들을 동원한 '영국 본토 항공전'을 감행하였다. 이 폭격으로 약 9만 명의 민간인 사상자가 발생했으나, 독일이 기대했던 것과는 달리 영국 정부는 1963기의 공군기를 동원하여 맞서 싸우면서 독일에 끝까지 굴복하지 않았다.

하지만 영국 본토 항공전에서 영국인들이 겪은 정신적 충격과 피해는 매우 컸다. 이를 보복하고자 영국 정부는 1944년 10월 7일부터 1945년 4월 17일까지 미국과 연합하여 베를린과 드레스덴 등 독일의 대도시를 향해 폭격을 퍼부었다. 특히 1945년 2월 13일에서 15일까지 벌어진 드레스덴 폭격에서는 약 2만 5천 명의 독일인들이 죽임을 당했다. 독일이 항복하기 전까지, 독일의 도시 곳곳을 영국과 미국 공군들이 폭격했는데, 이 때 독일은 국가 전체 산업 시설의 약 절반이 파괴되는 막대한 피해를 입었다.

한편 2차 세계 대전 당시 독일군을 격파하면서 독일 영토

깊숙이 들어가던 소련군은 영국과 미국이 퍼부은 폭격의 현장을 보고 큰 충격을 받았다. 이때부터 소련 정부는 영국과 미국으로부터 언젠가 당할지도 모를 폭격의 피해를 두려워하여 모스크바를 포함한 주요 대도시들의 대공 방어 시설 정비에 혼신의 힘을 기울였다.

2차 대전 중의 폭격은 동양에서도 벌어졌다. 중일전쟁(1937~1945년) 당시 일본 공군은 상하이와 충칭 등 중국의 대도시들을 폭격했다. 특히 충칭 대공습(1938.2.18~1943.8.23)에서는 일본 공군이 떨어뜨린 소이탄으로 인해 약 1만 1천 명의 중국인 민간인이 사망했다.

얼마 후 1945년 3월 9일에서 10일까지 벌어진 도쿄 대공습으로 일본인들은 이를 고스란히 경험하게 된다. 미국 공군은 대형 폭격기 B-29를 334기 동원하여 1665톤의 네이팜탄을 도쿄 시내에 쏟아 부었다. 당시 일본은 공군력과 대공 방어망은 매우 부실하여 미군의 폭격을 막아낼 수 없었고, 그로 인해서 약 10만 명의 일본인들이 폭격으로 발생한 불에 타 죽었다.

그리고 1945년 8월 6일과 8월 9일, 2개의 원자폭탄을 실은 B-29 폭격기는 일본의 히로시마와 나가사키에 핵 공격을 감행했다. 이 폭격으로 20만 명의 사상자가 발생했고, 미군

공습의 엄청난 피해를 더는 견딜 엄두가 나지 않았던 일본 정부는 마침내 1945년 8월 15일, 미국을 포함한 연합국에 무조건 항복을 선언하였다.

일본을 공습한 미국 공군의 B-29 폭격기는 30미터의 길이에 43미터의 넓이, 33.8톤의 자체 무게에 짐을 싣고 최대 60톤의 무게까지 견딜 수 있는 '하늘의 요새'였다. 또한 B-29는 9.1km의 높은 상공까지 비행할 수 있었고, 그보다 훨씬 낮은 6km 상공에까지만 비행할 수 있었던 일본 전투기들의 공격으로부터 안전했다. 이렇듯 B-29 폭격기에 많은 양의 폭탄을 싣고서 적의 도시와 시설에 떨어뜨려 막대한 피해를 입힘으로써 적을 굴복시킨다는 공중 폭격 전술에는 그야말로 최상의 조건을 갖춘 무시무시한 무기였다.

2차 대전이 끝나고, 전쟁에 피폐해진 영국 대신 전쟁의 피해를 전혀 입지 않아 본토가 무사했던 미국이 세계 최강 대국으로 떠올랐다. 미국은 풍부한 경제력을 바탕으로 전쟁에서 으레 B-29 같은 대형 폭격기들을 동원한 '전략 폭격'을 전쟁의 기본 전술로 삼았다. 그래서 B-29는 미국의 막강한 군사력을 과시하는 상징물로 인식되었다.

2차 세계 대전이 끝난 지 5년 후인 1950년 6월 25일, 한반도에서 북한군의 남침으로 한국전쟁이 일어났다. 미국은 동맹국인 한국을 돕기 위해 초반부터 공군을 동원하여 북한을 목표로 공중 폭격을 했는데, 이때에도 B-29기가 투입되었다.

당시 북한이 가장 두려워한 것이 바로 미군의 폭격이었다. 2차 세계 대전 때 미군에게 폭격 당했던 일본보다 공군과 대공 방어망이 훨씬 미약했던 북한은 미군의 폭격을 전혀 막아낼 방법이 없었다. 그래서 미군이 퍼붓는 가공할 공중 폭격이 북한 땅을 휩쓸고 지나가면, 엄청난 피해가 나기 마련이었다.

한국전쟁 중 미군이 북한을 목표로 감행한 큰 규모의 폭격들을 살펴보자. 1950년 가을 미 공군은 북한 신의주를 폭격했다. 이때 B-29기 80대가 사흘 동안 신의주에 소이탄을 쏟아붓는 폭격을 감행하면서 20만 명의 신의주 주민들 중 약 3분의 2가 폭격에 맞아 죽었고, 도시의 80%가 불에 타 버렸다고 한다.

또한 북한의 항구 도시인 원산은 1951년부터 1953년까지

미 공군의 폭격으로 완전히 초토화된 원산의 모습.

미 공군의 맹렬한 폭격 대상이 되었다. 원산의 공장과 철도와 도로 등 거의 모든 시설들이 미군의 공격 목표가 되어 철저하게 파괴당했는데, 폭격이 끝난 원산의 모습은 거의 폐허를 방불케 했다. 오늘날 한국 군대에서 벌어지는 가혹 행위 중 하나로 사람의 머리를 땅바닥에 대고서 허리와 엉덩이를 올리는 '원산 폭격'이 있는데, 이 말의 어원은 바로 한국전쟁에서 미군이 원산에 공습을 퍼부어 초토화시킨 역사에서 비롯된 것이다.

북한의 수도인 평양도 그런 미국의 폭격 대상이었는데, 1952년 7월 11일부터 8월 29일까지 미군은 평양 대공습을 감행했다. 모두 합쳐 2200기의 공군기가 동원된 평양 대공습은 군사 시설물을 포함한 평양의 주요 건물들을 철저하게 파괴해 버렸다. 김일성이 "평양에 무사한 집은 2채 밖에 없다."라고 말했다고 알려질 정도로 평양은 미군의 공습으로 인해 큰 피해를 입었던 것이다. 이 때 발생한 사상자는 대략 6천 명으로 추정되고 있다. 건물 파괴에 비해 사상자의 숫자가 그리 많지 않은 이유는 주민들 대부분이 미군의 폭격을 피해 미리 깊은 산이나 동굴 속으로 숨었기 때문이다.

한국전쟁에서 미군은 북한의 댐과 저수지도 폭격했다. 1952년 6월 23일, 미군은 B-29기가 포함된 500대 이상의 폭격기들을 투입하여 북한 압록강의 수풍댐과 10개의 수력 발전소에 네이팜탄을 비롯한 폭탄을 퍼부었다. 해가 바뀐 1953년 5월 13일, 미군은 평양의 독산댐과 저수지들을 폭격했는데, 물을 가둬 둔 시설물들이 파괴되면서 갑자기 대동강으로 물이 쏟아져서 강의 수위가 높아졌고, 그로 인하여 평양의 많은 지역이 물에 잠겼다. 댐과 저수지가 미군의 공습으로 파괴된 일은 군사 시설이 파괴된 것보다 북한에 더욱 큰 충격과 공포를 주었다. 댐과 저수지가 부서져 버렸으니, 당분간 농사를 지을 수가 없어서 식량 생산에 큰 차질이 생겼기 때문이었다.

당시 중국의 외무 장관인 주은래의 발언에 의하면 수풍댐과 수력발전소가 미군의 공습으로 파괴당하자, 일부 북한 지도부와 주민들은 정신적 공황 상태에 빠져 더 이상 전쟁을 계속할 수 없다고 여겨 서둘러 미국과 협상에 나서려 했다고 한다. 그만큼 B-29를 동원한 미군의 폭격이 한국전쟁에서 북한에 끼친 피해는 실로 막대했으며, 이후 북한이 미국의 한반도 주변 폭격기 및 전투기 전개에 민감하게 반응했던 원인이 되었던 것이다.

이 밖에도 미군은 북한이 점령한 상태였던 남한의 영토인 서울과 북한군이 한국군 및 미군과 격전을 벌이고 있던 낙동강 부근에 폭격을 퍼부었다. 이때의 물리적인 피해는 그리 크지 않았으나, 북한군과 북한 지도부에게 준 정신적인 충격은 매우 컸다. 미군의 폭격을 두려워한 북한군은 낙동강 전선에서 낮에는 숨어 있다가 밤에만 움직이면서 폭격을 피하려고 했으며, 김일성을 비롯한 북한 지도부는 미군의 폭격에 깊은 두려움을 느낀다고 소련에 털어놓기도 했다.

▬ 걸프전에 투입된 미군의 B-52와 F-117

1991년 1월 16일, 미군이 이라크를 공격한 '사막의 폭풍 작전'에서도 폭격의 효과가 증명되었다. 당시 이라크는 1990년 8월 2일부터 쿠웨이트를 침공해 점령하고 있었는데, 미국은 이를 불법 침략 행위로 간주하여 이라크가 쿠웨이트에서 철수하지 않으면 전쟁을 감행하겠다고 으름장을 놓고 있었다. 이 제안을 이라크 정부가 거부하자, 미국은 결국 이라크를 상대로 전쟁을 일으키겠다고 선언하면서, 영국과 프랑스와 사우디와 카타르 등 동맹국들과 함께 다국적군을 편성하여, 1991년 1월 16일부터 사막의 폭풍 작전이라는 이름으로 이라크를 공격했다.

전쟁이 처음 벌어졌을 무렵에는 미국이 이라크를 쉽게 이

기지 못하고 전쟁을 질질 끌 것이라는 예측들이 많았다. 우선 불과 26년 전에 있었던 베트남 전쟁에서 미국이 끝내 패배하고 물러났던 기억이 세계인들의 머릿속에 생생했다. 당시 미군은 북베트남을 상대로 수많은 공군기를 동원하여 롤링썬더 작전(1965.3.2~1968.11.2), 라인배커 작전(1972.5.9~1972.10.23) 같은 전략 폭격을 감행했으나, 북베트남은 소련과 중국이 지원한 대공포와 지대공 미사일 등 강력한 방공망 덕분에 미군의 폭격에 끝내 굴복하지 않고 버텨낼 수 있었다. 미군 전력의 핵심인 공군 폭격이 제대로 통하지 않으니, 미군은 결국 북베트남을 이기지 못하고 물러날 수밖에 없었던 것이다.

문제는 이라크도 북베트남처럼 소련이 제공한 방공망으로 보호를 받고 있으며, 게다가 무려 100만 명의 육군을 보유한 당시 세계 4위의 군사 강국이라는 사실이었다. 아울러 미국이 중동의 이슬람교 국가인 이라크를 공격한다면, 이슬람교를 믿는 중동 각국으로부터 반미 감정을 불러일으킬 수도 있다는 우려도 높았다. 이라크의 독재자인 후세인도 전쟁이 일어나면 반미 감정이 높아진 중동 국가들로부터 도움을 받으리라 여기고 미국과의 전쟁을 피하지 않았다.

그러나 막상 '사막의 폭풍' 작전이 시작되자, 전황은 미국의 일방적인 우세로 이어졌다. 승패를 좌우한 결정적인 요인은 베트남전 때보다 훨씬 강력해진 미군의 공군력이었다. 베트남전에서 적의 방공망 때문에 공군 폭격이 제대로 위력을 발휘하지 못했던 교훈을 깨달은 미군은 적에게 발각되지 않고 방공망에 걸리지 않는 새로운 공군기를 개발하는 데 혼신의 힘을 기울였다. 그리하여 미군은 1979년부터 비밀리에 적의 레이더로부터 숨을 수 있는 '스텔스' 기능이 포함된 F-117 전투기를 개발하는데 성공하여, 마침내 사막의 폭풍 작전에 투입을 시켰다. 적의 레이더 전파를 흡수하여 레이더에 발견되지 않는 스텔스 도료가 기체 전체에 발라진 F-117기는 이라크군의 레이더로부터 완벽하게 숨을 수 있었고, 그 덕분에 걸프전이 시작되자마자 먼저 이라크의 레이더 시설과 지대공 미사일 같은 방공망을 철저히 파괴해 버렸다.

방공망이 파괴된 이라크군은 눈 뜬 장님 신세가 되어 미 공군이 퍼붓는 무시무시한 폭격을 고스란히 받아내야 했다. 이라크의 군사 기지와 군수 공장은 '폭탄의 불바다' 에 그대로 휩쓸렸고, 100만 대군이라고 자랑하던 이라크 정규군은 불과 한 달 사이에 모조리 궤멸당하고 말았다.

미국이 투입한 B-52 폭격기도 F-117기에 못지않게 매우

미 공군의 B-52 폭격기. 2차 세계
대전과 한국전쟁에서 쓰인 B-29보
다 성능이 한층 더 강화되었다.

돋보였는데, 미국 본토로부터 직접 이라크 상공까지 날아와서 폭격을 하고는 다시 미국 본토로 돌아가는 2만 3천km의 장거리 비행을 성공적으로 해냈다. 이는 과거 2차 세계대전과 한국전쟁에서 일본과 북한을 상대로 폭격을 했던 B-29보다 비행 거리가 훨씬 우수했다. 예전의 B-29는 B-52보다 비행 거리가 짧아서 일본 본토 주변의 섬에 설치된 비행장에서 출발해야 했다. 그러나 B-52는 동체의 길이가 48.5미터에 넓이는 56.4미터, 기본 무게가 83톤에 짐을 싣고서 최대 220톤의 무게까지 버틸 수 있어서 B-29보다 더 크고 무거운 대형 폭격기였다. 따라서 B-29보다 훨씬 많은 양의 폭탄을 싣고 다니면서 적진을 초토화시킬 수 있었다.

1990년 8월 2일, 이라크군의 쿠웨이트 침공으로 시작된 걸프 전쟁은 1991년 3월 3일, 이라크군이 다국적군에게 항복하면서 끝났다. 이 승리의 주역은 미군이 가진 B-52 폭격기와 F-117기 스텔스 전투기로 대표되는 막강한 공군 전력이었다. 미국은 20세기의 막바지에 완벽한 승전을 거둠으로

써, 베트남전의 악몽을 떨쳐내고 2001년 9.11 테러가 일어나기 전까지 10년 동안 세계 최강대국으로서 눈부신 전성기를 구가했다.

━ 시리아 내전에 참가한 러시아 공군의 폭격

하지만 폭격기를 이용한 전략 폭격 전술은 이제 더 이상 미국만의 전유물이 아니다. 미국의 경쟁자인 러시아도 푸틴 대통령의 집권 이후 낡은 군사력을 새로 보강하면서 전략 폭격을 연구했다. 그 실체가 바로 2015년 10월, 시리아 내전에서 세상에 드러났다.

전통적인 러시아의 동맹국이자 반미 국가 시리아는 2012년 7월부터 정부군과 반란군의 내전에 휩쓸려 있었다. 처음에는 오합지졸인 반란군들이 국가의 지원을 받는 정부군에게 밀렸으나, 2014년부터 테러 조직인 이슬람 국가(줄여서 'IS')가 반란군을 지원하면서 시리아 정부군이 불리해졌다. 다급해진 시리아 정부는 평소 앙숙이던 미국의 도움을 요청했고, 이슬람 테러 조직인 IS를 불안하게 보던 미국은 시리아 내전에 참가한 IS을 겨냥해 폭격을 감행했다.

그러나 미국의 폭격은 IS을 막는 데 별다른 도움이 되지 못했다. 걸프전에서는 이라크 100만 대군도 순식간에 초토화시키던 그 막강한 미군의 공군력이 어찌된 일인지 IS에게는 소용이 없었던 것이다. 더구나 IS가 활동하는 이라크와 시리아는 평탄한 사막 지형이라 공중 폭격으로부터 몸을 숨길만한 장소도 없는데, 어떻게 IS가 미군의 폭격을 받고도 계속 활동할 수 있는 지, 의문이 제기되었다. 그래서 IS는 사실 '알카에다' 처럼 미국이 만들어낸 조직이며, 미국은 IS를 폭격하는 척하면서 은밀히 무기를 지원하고 있다는 음모론이 퍼지기도 했다.

IS 폭격에 가담한 미군 공군기 중에는 미국이 자랑하는 최첨단 전투기인 F-22도 포함되어 있었다. F-22는 미군이 1969년부터 1997년까지 무려 667억 달러라는 엄청난 비용을 들여 개발한 전투기인데, 최고 마하 2.25(2410km/h)의 속도에 적 공군기의 레이더로부터 완벽하게 숨을 수 있는 스텔스 기능을 발휘하여 많은 전문가들로부터 "현재 전 세계의 모든 전투기들 중 가장 우수하다" 라는 평가를 받았다. 그런데 이런 F-22까지 포함된 미군의 폭격을 막강한 방공망을 가진 정규군도 아닌 고작 엉성한 테러 집단에 불과한 IS가 견뎌낸다는 사실 자체가 어불성설이었다.

어쨌든 미국을 믿을 수 없게 된 시리아 정부는 동맹국인 러시아에 지원을 요청했다. 2014년 크림 반도를 기습 합병한 이후, 미국과 유럽 등 서방의 제재를 받고 국제 유가가 떨어지는 등 경제 위기에 시달리던 러시아가 시리아에 군사 지원을 하기는 어려울 것이라는 전망이 많았으나, 러시아의 푸틴 대통령은 예상을 뒤엎고 2015년 10월 시리아에 전폭적인 군사 지원을 하겠다고 선언하고 즉시 실행에 옮겼다.

러시아군이 시리아 내전에 개입하자, 전황은 완전히 바뀌었다. 1년 넘도록 미군이 폭격을 할 때는 멀쩡하던 반란군과 IS가 러시아 공군의 폭격이 시작되자 도저히 견딜 수 없다고 달아나기에 급급했다. 러시아 정부의 발표에 의하면, 러시아 공군은 시리아 내전에 개입한 이후로 시리아 반란군과 IS를 향해 무려 5천 번이나 집중적으로 폭격을 퍼부었다고 한다. 방공망이 전혀 없는 시리아 반란군과 IS는 러시아 공군의 폭격을 도저히 막아내지 못하고, 그저 도망갈 수밖에 없었던 것이다.

러시아 공군의 폭격에는 러시아가 새로 개발한 최신 전폭기(전투기 겸 폭격기)인 수호이 35S(Su-35S)기도 포함되어 있는 것으로 알려졌다. 수호이 35S는 뛰어난 성능의 레이더와 센서 등을 탑재하여 전자전에 뛰어나며, 최고 마하 2.25(2410km/h)의 속도를 낼 수 있다. 더구나 미군의 F-22

러시아 공군이 야심차게 개발한 최첨단 전폭기 수호이 35S기

는 스텔스 기능에만 지나치게 집착하여 공중전 능력이 다소 떨어진다는 평가를 받고 있는 반면, 수호이 35S는 공중과 지상을 공격할 수 있는 미사일들에 근접전용 기관포를 모두 갖추어 F-22보다 공중전 능력도 매우 뛰어나다는 평가를 받고 있다. 이 수호이 35S가 이번 시리아 내전에 그 성능을 시험하기 위해 투입되었던 것이다.

러시아군의 지원이 더해지면서, 전황은 이제 시리아 정부로 기울고 있다. 수세에 몰렸던 시리아 정부군은 다시 기세를 회복해서 러시아군과 연합하여 반란군과 IS를 밀어붙이며 서서히 빼앗겼던 국토를 되찾고 있다. 러시아군의 폭격이 시리아 내전의 승패를 결정지은 것이다.

7부 원폭 투하 두 번, 지도가 바뀌다

불로장생약을 만들려다 개발된 화약

현재까지 기록으로 남아 있는 가장 오래된 화약 관련 자료는 중국의 의원이었던 손사막(孫思邈: 541~682년)이 쓴 단경丹經이라는 책에 실려 있다. 손사막은 많은 사람들을 치료하여 신의라고 불렸던 의원인 동시에 단약을 만드는 연단술에도 관심을 가졌던 연금술사였다.

일상생활에서 흔히 쓰는 옥황상제나 음양오행, 불로장생, 풍수지리, 신선 같은 말은 모두 도교에서 나온 것이다. 도교는 중국의 역사와 문화를 바탕으로 만들어진 민간 신앙인데, 건강하게 오래 사는 인생을 궁극적인 목표로 하고 있어 불교나 기독교에

■ 불꽃놀이.

비하면 상당히 현세 중심적인 종교라고 할 수 있다.

이런 이유로 도교의 사제인 도사들은 오래전부터 인간의 수명을 늘릴 수 있는 특별한 약제인 단약丹藥을 만드는 데 심혈을 기울였다. 단약은 연명약延命藥이나 장년약長年藥이라고도 하는데, 중국인들은 단약을 먹으면 신선처럼 영원히 산다고 믿었다.

고구려 원정으로 우리에게 잘 알려진 당태종 이세민은 장수를 위해 단약을 자주 복용했는데, 불행히도 단약의 주원료는 인체에 해로운 수은이었다. 그 바람에 단약을 열심히 먹은 당태종과 헌종, 목종, 무종 같은 황제들은 신선이 되기는커녕 수은 중독으로 인한 정신착란에 시달리다 죽고 말았다.

하지만 단약 제조가 쓸모없었던 것은 아니었다. 그 과정에서 세계사를 바꿔 놓은 놀라운 발명품이 탄생했으니 말이

도교 창시자인 노자.

다. 바로 화약이다.

■ 단약 만들다 발명된 화약

현재까지 기록으로 남아 있는 가장 오래된 화약 관련 자료는 중국의 의원이었던 손사막(孫思邈: 541~682년)이 쓴 단경丹經이라는 책에 실려 있다. 손사막은 많은 사람들을 치료하여 신의라고 불렸던 의원인 동시에 단약을 만드는 연단술에도 관심을 가졌던 연금술사였다.

단경에서 손사막은 목탄과 초석과 유황의 배합 방법을 기록하고, 이를 화류황법化硫磺法이라고 불렀다. 그가 적은 화류황법을 그대로 따라하면 흑색 화약이 탄생한다. 과연 화약을 가지고 사람의 수명을 늘릴 수 있을지는 의문이지만, 대항해시대에 선원들은 다친 상처에 화약을 발라 응급처치를 했으니, 화약이 몸에 나쁘다고만은 할 수 없다. 좌우지간 손사막은 단약의 발명을 추구하다 자기도 모르게 화약이라는 무서운 무기를 만들어낸 셈이었다.

손사막이 발명한 화약이 언제부터 쓰였는지는 알 수 없으나, 중국을 3세기 만에 통일한 수나라가 궁정에서 화약을 이용한 불꽃놀이를 즐겼다는 사실을 통해 최소한 수나라 때부터 화약이 중국인들의 일상에서 쓰였음을 짐작할 수 있다.

초기의 화약은 불꽃놀이 같은 축제에 쓰였다. 이는 도사들이 화약의 시끄러운 폭발 소리와 매캐한 연기가 사람에게 해를 끼치는 귀신들을 놀래키고 겁줘 쫓아내는 데 적합하다고 여겼기 때문이었다. 그래서 중국인들은 설이나 추석 같은 명절마다 화약을 터뜨리며 그 해의 나쁜 액운과 재앙이 모두 떠나가기를 기원했다.

그러던 화약은 점차 당나라 말기부터 군사 무기로 용도가 바뀌기 시작한다. 당나라 헌종 황제 무렵인 808년에 최초로 흑색 화약이 발명되었다. 이것이 인류 역사상, 가장 오래된 무기로서의 화약이다. 흑색 화약은 1884년 프랑스인 폴 마리에(Paul Marie, 1854~1934)가 발명한 무연 화약이 등장하기 전까지, 전 세계의 모든 군대가 무기로 사용하였다. 중국인이 만든 흑색 화약이 천 년 넘게 세계 전쟁사를 주도한 무기로 남았던 셈이니, 참으로 굉장한 업적이라 할 수 있다.

━━ 원이 유럽에 전파한 화약 무기

당나라 이후 들어선 송나라에서는 무기로서의 화약이 비약적으로 발전을 거듭하였다. 송나라에서 쓰던 화약 무기는 주로 이화창이나 화전, 벽력포 등이었다. 이화창은 화창火槍이라고도 하는데, 보통의 창에다 화약통을 부착했다가 실전에 돌입하면 심지에 불을 붙여 적을 향해 불꽃을 쏟아 내는 일종의 화염방사기였다.

■ 송나라 시대 화창. 원시적인 로켓이었다.

화전은 화창처럼 화살 끝에 화약통을 달아서 불을 붙인 채로 쏘거나 화약의 힘으로 화살을 발사하는 무기였다. 영화로도 개봉된, 조선 시대 로켓추진 화살인 '신기전' 도 화전에 속한다. 벽력포는 일종의 독가스탄이다. 유황과 석회를 종이통에 넣어서 물에 던지면 석회 성분이 물과 반응해 인체에 유해한 연기가 나오는데, 이것이 사람의 눈과 귀에 치명적이다.

1161년 안휘성의 차이스지采石磯 전투에서 송의 군대는 양쯔강을 넘어오는 금나라 함대에 화전을 퍼부어 배를 불태우고, 벽력포를 던져 금나라 군사들의 눈을 멀게 했다. 그리고 금의 남정을 결정적으로 저지했다. 원정에 실패한 금나라에서는 황제 해릉왕이 군사들에게 피살되는 정변이 일어날 정도로 큰 타격을 받았다.

차이스지 전투의 승리로 송은 금에게 멸망당하지 않고 이후 110년이나 국운을 더 연장할 수 있었다. 송의 군대는 그다지 강하지는 않았지만, 요와 금, 원나라 같은 강대국들의 침략에 시달리면서도 화약 무기들을 적절히 사용한 덕분에 300년이라는 긴 세월 동안 존속할 수 있었다.

금, 송을 무너뜨리고 중국을 정복한 몽골족은 두 나라에서 화약 무기 제조법과 사용법을 입수해 재빨리 화약 무기를 도입했다. 대표적인 예로 1241년 동유럽의 헝가리 모히 평원에서 치른 전투에서 몽골군은 초석과 유황으로 만든 연막탄을 터뜨려 헝가리 기사들을 혼란에 빠뜨린 후에 격파했다.

이런 몽골족이 세운 원나라는 세계 각지에서 전쟁을 벌였는데 그 과정에서 화약 무기가 비약적으로 발전한다. 마침내 1290년에는 세계 최초의 총인 화총이 등장한다. 방아쇠로 발사하는 현대 총과는 달리, 화총은 둥그런 총탄을 총신 안에 넣어 두고서 불을 붙이면 총탄이 화약의 힘으로 발사되었다. 그리고 1332년에는 청동으로 만든 대포가 개발되어 실전에 배치된다.

그러나 15세기 이후, 중국을 비롯한 동양의 화약 무기는 더는 발전하지 않는다. 오히려 유럽과 중동에서 더욱 진보한다. 중국은 통일된 제국을 이룬 데 반해 서방에서는 작은 군소 국가들이 계속 전쟁을 벌이고 있었기 때문이다.

서구에서 최초로 화약이 등장한 시기는 13세기 중엽이다. 영국의 수도사인 로저 베이컨Roger Bacon은 1260년, 초석과 유황, 목탄을 혼합해 흑색 화약을 만들었다. 대포는 그보다 50년 후인 1310년경, 멀리 스페인 남부의 이슬람 왕국에서 개발되었고, 약 30년 후에야 프랑스와 이탈리아에서 대포를 만들어 실전에 배치한다. 이런 흐름으로 보건대, 서구의 화포는 자체적으로 제작되었기보다는 이슬람권에서 영향을 받아 도입된 것으로 보인다.

중동에서는 화약을 '중국의 눈꽃'이라고 한다. 중동에 화약이 전해진 것은 당나라 말기나, 13세기 중엽 몽골군이 페르시아와 이라크를 비롯한 중동 지역을 정복할 무렵일 것이다.

▬ 대영제국 건설의 추동력이 된 대포

서구 역사에서 대포가 얼마나 큰 충격을 주었는지 가장 잘 드러낸 사건이 오스만제국이 콘스탄티노플을 함락한 일이다. 1453

▬ 콘스탄티노플 공방전에 쓰인 오스만의 청동 대포.

년 오스만제국은 헝가리 출신 기술자 우르반을 고용해 만든 7미터짜리 거포로 콘스탄티노플을 공격했다. 오스만 군대는 50일 동안이나 콘스탄티노플을 포위하고 거포와 다른 대포로 포격했지만, 성을 지키던 비잔티움 병사들이 포탄에 구멍 난 성벽을 재빨리 돌과 흙으로 메우는 통에 쉽게 성을 함락할 수 없었다. 그런데 기나긴 수비에 지친 비잔티움 병사들이 성 밖으로 통하는 비상 출입구를 깜박하고 잠그지 않은 게 화근이었다. 그 문을 찾아낸 오스만 병사들이 기습 공격해 콘스탄티노플은 결국 오스만의 수중에 떨어졌다.

이 소식을 전해 들은 유럽 사람들은 너 나 할 것 없이 엄청난 규모의 거포를 인상적으로 생각했고, 그 거포에 견고하던 콘스탄티노플 성벽이 무너져 내렸다고 착각하게 되었다.

여하튼 이 사건으로 말미암아 서구 각국은 대포 개발에 열을 올렸다. 그리고 50년 후, 더 우수한 성능의 대포로 무장한 서구는 자신들을 위협하던 이슬람 세력을 반격한다. 1509년 2월, 인도 서부 해안인 디우 전투에서 포르투갈 해군은 함선에 탑재한 대포의 위력에 힘입어 이집트 맘루크 왕조의 해군을 격파하고 대승을 거둔다. 이로 인해 이집트는 경제적인 타격을 입는다. 인도양과 대서양을 잇는 중계무역에서 주로 국가 재정을 확보했는데, 인도양의 무역 주도권을 잃었기 때문이다. 결국 병사들에게 월급도 못 줄 정도로 재정이 바닥나 쇠락하다가 8년 후인 1517년, 욱일승천의 기세로 강성해진 오스만제국에 멸망당한다.

1571년 유명한 레판토 해전에서 베네치아가 심혈을 기울여 개발한 신형 군함 갈레아스는 뱃머리에 청동 대포 6대를 장착해 오스만의 전함들을 격침하는 데 큰 역할을 했다. 물론 오스만의 전함에도 함포는 탑재돼 있었다. 다만 베네치아보다 수가 적었던 것뿐이다.

당시만 해도 대부분 대포는 그냥 포탄을 썼다. 오늘날처럼 포탄이 날려 가 물체에 부딪히면 폭발하는 것이 아니라 물체를 맞추고는 부서지는 식이었다. 거의 모든 포탄이 안에 화약을 넣지 않은 단순한 구조였고, 심지어 돌로 만들어진 포탄도 있었다.

18세기 말, 전 유럽을 휩쓴 나폴레옹전쟁을 겪으면서 서양의 화포는 비약적인 발전을 거듭한다. 무엇보다 대포의 기동성이 향상된 것이 큰 특징이다. 18세기 중반 프랑스 포병장교인 그리보발이 가볍고, 이동이 빠르며, 쉽게 조준할 수 있는 대포를 개발했다. 나폴레옹의 승리관 뒤에는 그리보발을 필두로 한, 이러한 포병대의 노력이 감추어져 있다.

물론 나폴레옹만이 이러한 혁신을 이룬 것은 아니다. 프

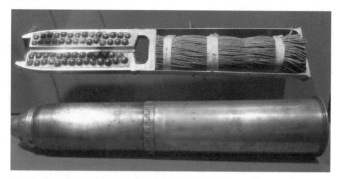

랑스의 맞수였던 영국도 새로운 대포를 도입하는 데 열을 올렸다. 나폴레옹이 몰락한 19세기 중엽, 영국에서는 포병 장교 H.시래프늘이 포탄을 개발했는데, 이것은 벽력포나 비격진천뢰처럼 포탄 일부분만이 아니라 포탄 전체가 한꺼번에 폭발하는 구조였다.

나폴레옹전쟁에서 프랑스를 꺾고 마침내 유럽 최강국으로 군림한 영국은 19세기 내내 바다를 누비고 중국과 인도를 비롯한 세계를 식민지로 삼으면서 해가 지지 않는 대영제국을 건설했다. 그 추동력 중 하나가 13세기 수도사 로저 베이컨을 비롯해 수많이 사람이 시행착오를 거치면서 발전시킨 화약의 힘이다.

서구 제국주의의 상징, 기관총

승리를 확신한 수피들이 총을 들고 영국군을 향해 200미터쯤 다가갔을 때, 갑자기 예상하지 못한 일이 벌어졌다. 영국군들 사이에 놓여 있던 이상한 기계에서 요란한 소리가 나더니, 소나기처럼 쉬지 않고 총탄이 쏟아져 나오는 것이 아닌가. 맥심 기관총이 수피들을 향해 불을 뿜는 순간이었다.

■ 기관총을 든 군인.

15세기 총이 등장한 이래 무기 연구가들의 공통된 꿈이 하나 있었다. 바로 여러 발을 한꺼번에 쏠 수 있는 기관총의 발명이었다. 16세기 말까지 동서양을 막론하고 대부분 총기는 1분에 고작 두 발을 쏘는 것이 고작일 정도로 장전 속도가 느렸다. 이런 상황에서 수십에서 수백 발을 한꺼번에 쏘아 댈 수 있는 총이 등장한다면 전세는 순식간에 뒤바뀔 것이다. 아울러 세계에서 가장 강력한 군사력을 가질 수 있지 않겠는가.

■ 동양 기관총, 삼안총

동양에 총기가 전래된 16세기 말을 전후해 중국과 조선에서는 초보적인 기관총이 속속 발명되기 시작했다. 그중 하나가 삼안총三眼銃이었다.

지금까지 발굴된 삼안총 중에서 가장 오래된 것은 1594년에 제작된 것이다. 〈선조실록〉 1595년 5월 28일 기록을 보면 "삼안총은 적군을 막아 내는 데 좋은 무기로 익히지 않아서는 안 된다. 입직하는 포수들은 다음 달부터 삼안총 쏘

■ 조선 중기에 만들어진 삼안총. 제주전쟁역사평화박물관 소장.

기를 연습하여 몇 차례 돌아가서 끝맺도록 하라" 는 내용이
나온다.

삼안총은 총열 하나에 총구가 3개인 화기로, 총구가 세
개여서 삼혈총三穴銃이라고도 한다. 총신 전체 길이는 38센
티미터이고, 총구 구경은 1.3센티미터 정도다. 크기가 작아
보병뿐 아니라 기병도 즐겨 사용했다. 명나라의 마지막 군
주인 숭정황제는 이자성의 반란군이 베이징으로 쳐들어오자
삼안총을 들고 달아났다고 한다. 최후의 순간에 가져갔을
만큼 믿음직한 무기였던 모양이다.

그러나 1627년 9월 24일 〈인조실록〉에 따르면 삼안총은
화력이 약해 거리가 조금만 멀어도 갑옷을 뚫을 수 없었다
니, 살상력보다는 큰 소리로 적과 적의 군마를 놀라게 하는
데 더 중점을 둔 무기로 추측된다.

이외에도 열 발을 한꺼번에 발사할 수 있는 십안총十眼銃
과 총 다섯 자루를 묶은 오뢰신기와 신뢰포, 총탄 28개를
연속적으로 쏘아 대는 연주총이 명나라 말기와 청나라 초에
발명되었다. 하지만 이런 총기들은 총기 안에 강선이 없었
던 관계로 사정거리가 짧고 명중률이 대단히 낮다는 치명적
인 단점 때문에 널리 쓰이지는 못했다.

▬ 기관총의 위력

서양에서 맨 처음 등장한 기관총은 1718년 영국의 제임스 퍼클James Puckle이 자신의 이름을 따서 만든 퍼클 건Puckle Gun이다. 변호사였지만 군사 무기에도 관심이 많았던 퍼클은 그해 5월 15일, 영국 특허청에 자신이 만든 퍼클 건을 가져가 특허를 신청했다.

영국 특허청은 퍼클 건에 세계 최초의 기관총이라는 명예로운 호칭을 부여했지만, 실상 성능 면에서는 100년 전 동양에서 만든 총기들보다 그다지 나을 것이 없었다. 연이어 발사하는 속도가 1분당 9발에 불과했을 정도로 느렸다. 더욱이 총탄을 장전하는 부싯돌 격발장치가 자주 고장이 나는 데다, 성능에 비해서 비용이 많이 들어 군대의 정식 무기로 채택되지 못하고 사장되고 말았다.

그러나 이러한 실패를 바탕으로 더 위력적인 기

▬ 영국에서 발명된 퍼클 건. 성능이 좋지 않고 고장이 잦아 많이 쓰이지는 않았다.

■ 맥심 기관총을 개발한 하이럼 맥심.

관총이 등장한다. 1883년, 미국인 발명가 하이럼 맥심Hiram Maxim이 퍼클처럼 자신의 이름을 따서 개발한 맥심 기관총이 바로 그것이다. 이 기관총은 1분당 최대 600발을 쏠 수 있었다. 퍼클 건과는 성능과 위력 면에서 하늘과 땅만큼이나 차이가 났다.

하이럼 맥심은 영국 런던의 해턴가든에서 자신이 만든 기관총의 성능을 공개적으로 시험했다. 그 자리에는 당시 왕위 계승자인 웨일즈 왕자와 영국군 총사령관인 케임브리지 공작, 에든버러 공작과 데번셔 공작 등 영국을 이끌어 가는 주요 인사들이 참석했다. 맥심 기관총이 마음에 들었던지, 군수뇌부는 이 총을 정식 무기로 채택한다.

영국은 1893년 마타벨레족과 전쟁을 벌일 때 처음으로 맥심 기관총의 위력을 실감한다. 19세기 중엽부터 영국은 지금의 남아프리카공화국을 비롯한 남부 아프리카 지역을 군사적으로 정복하는 데 열을 올렸다. 이때 등장한 유명한 식

상가니 전투에서 마타벨레족과 싸우는 영국군. 1893년 리처드 카톤 우드빌이 그림.

민지 개척자가 세실 로즈Cecil Rhodes였다. 브리티시 사우스 아프리카British South Africa의 경영자이기도 한 그는 오늘날 짐바브웨의 서남쪽 지방인 마타벨리랜드Matabeleland를 정복하기 위해 영국군 700명과 식민지 용병들을 이끌고 그곳의 토착민인 마타벨레족과 전쟁을 벌였다.

당시 마타벨레족의 왕, 로벤굴라Lobengula는 창과 방패로 무장한 전사 8만 명과 최신형 9파운드짜리 영국제 소총인 마티니 헨리를 갖춘 병사 2만 명을 거느렸다. 하지만 마타벨레족들은 사격 방법을 제대로 몰라 아무렇게나 총을 쏘아 대 명중률이 형편없었다. 여전히 그들의 주 무기는 수백 년간 사용해 온 짧은 창이었다.

마타벨리랜드는 대부분 구릉이 많고 울창한 삼림으로 이루어져 한눈에 지형을 파악하기 어려웠다. 로벤굴라는 이런 험준한 지형과 병력을 믿고서 자신만만한 태도로 영국군을 기다렸다.

1893년 11월 1일부터 시작된 마타벨레전쟁은 그러나 로벤굴라의 예상을 뒤엎고 영국군의 일방적인 승리로 끝났다. 당시 정황을 묘사한 기록에 따르면, 마타벨레 전사들은 영국군 진영에서 1킬로미터 밖에서 거의 다 무참하게 죽어 나갔다고 한다. 영국군이 쏘아 대는 맥심 기관총 총탄에 족족 쓰러졌던 것이다. 전쟁에서 패한 마타벨레 전사들은 맥심 기관총으로 무장한 영국군을 도저히 패하지 않는 무적의 존재로 여길 정도였다.

1894년 1월 마타벨레족은 일단 영국에 굴복한다. 그리고 2년 후인 1896년 다시 영국에 저항하는 봉기를 일으킨다. 하지만 이번에도 결과는 참담했다. 영국군은 고작 400여 명이 전사한 데 반해, 마타벨레족은 무려 5만 명이나 참혹하게 죽임을 당했으니 말이다. 마타벨레족 전사들을 대량 학살한 주범은 역시 맥심 기관총이었다.

■■ 맥없이 쓰러진 동학군

마타벨레전쟁 이후 맥심 기관총은 막강한 위력을 인정받아 세계 각국으로 퍼져 나갔다. 이 기관총이 진가를 발휘한 대표적인 두 전투가 있다. 1894년 11월 9일 조선에서 벌어진 우금치 전투와 1898년 9월 2일 수단 북부의 옴두르만에서 벌어진 옴두르만 전투다.

먼저 우금치 전투부터 살펴보자. 우금치 전투는 우리에게 다소 불편한 내용인데, 부패한 조선 왕조를 개혁하기 위해 일어선 동학 농민군이 맥심 기관총으로 무장한 조선 관군과

■ 동학혁명을 이끈 녹두장군 전봉준.

일본군에게 일방적으로 학살당했기 때문이다.

녹두장군이라 불린 동학군 지도자 전봉준은 1894년 11월 8일, 수만 명을 이끌고 충청남도 공주시 금학동에 있는 고개, 우금치로 진격해 그곳에서 일본군과 연합한 조선 관군을 공격한다. 당시 동학군의 무기는 임진왜란 때나 쓰이던 구식 화승총이었고, 그나마도 부족해 대나무를 깎아 만든 죽창을 든 이도 상당수였다. 그러나 이미 우금치에 진을 친 조선 관군과 일본군은 맥심 기관총까지 구비하고 있었다. 결국, 동학군은 전투가 시작되자마자 순식간에 전멸되다시피 했다. 농민군이 참혹하게 죽어 가는 장면을 보다 못한 전봉준이 해산을 명령하고 후퇴했지만, 12월 2일 전봉준이 체포되면서 동학군은 와해되고 만다.

우금치 전투는 사실상 조선의 국운을 좌우한 결정적인 사건이었다. 조선을 스스로 개혁하려던 민중들의 의지가 외세인 일본에 좌절되고, 일본을 끌어들인 조정의 정책에 힘이 실리면서 조정에서 친일파들이 득세하는 계기가 된다. 결국, 1910년 친일 조직인 일진회가 주동해 국권을 일본에 넘기니, 이 불운한 운명의 뿌리는 우금치 전투에서 비롯되었다고 해도 과언이 아니다.

▬ 수피들의 혼을 빼놓다

1898년 9월 2일, 수단 중동부에 있는 옴두르만Omdurman 고원에서는 자그마치 5만 2000명이나 되는 수피들과 영국군 2만 5000명이 대치하고 있었다. 수피 지도자들은 전투에서 승리를 확신했다. 14년 전, 태평천국의 난을 진압한 명장 고든 장군이 지휘하는 영국군을 크게 무찌르고, 영국군 장교 힉스 파샤가 데려온 용병 1만 명도 셰이칸 전투에서 궤멸했으니 말이다.

이런 화려한 전적에 기대 수피들은 눈앞의 영국군 역시 무너뜨릴 수 있으리라 믿은 것이다. 그러나 승리를 확신한 수피들이 총을 들고 영국군을 향해 200미터쯤 다가갔을 때, 갑자기 예상하지 못한 일이 벌어졌다. 영국군들 사이에 놓여 있던 이상한 기계에서 요란한 소리가 나더니, 소나기처

럼 쉬지 않고 총탄이 쏟아져 나오는 것이 아닌가. 맥심 기관
총이 수피들을 향해 불을 뿜는 순간이었다.

갑작스러운 사태에 당혹한 수피들은 그들을 겨냥한 기관
총이 44정이나 된다는 사실을 알고 선뜻 앞으로 나아가지
못했다. 그 와중에도 기관총은 쉬지 않고 굉음과 함께 1분
당 600발을 토해 냈다. 낙타와 말이 그 소리에 놀라 버둥거
리다 쓰러지고, 곳곳에서 쉴 새 없이 살점이 튀어 올랐다.
팔다리가 떨어져 나간 수피들이 나뒹굴면서 절규했다. 땅바
닥은 금세 피바다가 되었다.

거기에 영국군의 후방에 흐르던 나일강에는 대포를 탑재
한 영국 함대가 배치되어 있었다. 기관총의 일제사격과 함
께 대포에서 발사되는 포탄들은 수피들의 몸뚱이를 그야말
로 갈가리 찢어 놓았다. 더는 버틸 수 없다는 사실을 깨달은
수피들은 황급히 철수했다.

5시간 동안 벌어진 전투 결과는 실로 참담했다. 수피들이
중심이 된 수단군은 자그마치 9700명이 전사하고 1만 3000
명이 중상을 입었으며 5000명이 포로가 된 데 반해, 영국군
은 고작 47명이 전사하고 340명이 가볍게 부상을 입는 정도
로 그쳤다. 당시 일간지 《모닝 포스트The Morning Post》의
종군 기자로 파견된 윈스턴 처칠(훗날 영국 수상)은 옴두르

만 전투를 지켜본 소감을 이렇게 말했다.

"맥심 기관총에서 총탄이 발사될 때마다, 탄환이 수피 수도사들의 살을 꿰뚫고 뼈를 부숴 버렸다. 그들은 아무것도 할 수 없는 채로 허둥거리다가 괴로워하며 죽어 갔다. 수피 수도사들의 시체는 마치 쓰레기들처럼 땅바닥에 형편없이 나뒹굴고 있었다."

영국군이 조사한 바에 따르면 옴두르만 전투에서 전사한 수피 수도사들 중 약 75퍼센트가 맥심 기관총에 희생되었다고 한다. 기관총 위력이 어느 정도였는지 짐작할 수 있는 결과다. 맥심 기관총으로 수단을 손쉽게 정복한 영국은 1956년까지 수단 전역을 식민지로 삼았다.

━ 역습당한 서구 제국주의

20세기 초, 아이러니하게도 맥심 기관총은 서구 열강들을 향해 총구를 돌린다. 1900년 1월 24일, 남아프리카의 스피온 쿱Spion Kop에서 벌어진 전투에서 영국군은 그들이 자신만만하게 쏘아 댔던 바로 그 맥심 기관총에 참혹한 패배를 당한다. 남아프리카에 정착한 네덜란드계 이민자 보어인들의 저항을 진압하려 맥심 기관총과 독일제 크루프 대포로 무장한 보어인들의 역습에 대패한 것이다. 병사 1만 2000여 명이 죽었는데, 전투가 끝난 뒤 산기슭과 참호에는 병사들의 시체가 마치 썩은 낙엽더미처럼 쌓여 있었다고 한다.

보어인들의 반격에 놀란 영국 정부는 현지의 보어인 난민들을 강제수용소로 처넣었다. 그리고 3년여 동안 군사 50만 명을 보내고 2억 파운드의 거금을 소모한 뒤에야 간신히 보어전쟁을 승리로 끝낼 수 있었다. 하지만 영국의 위신은 추락할 대로 추락한 뒤였다. 세계에서 가장 넓은 영토를 가진 대영제국이 고작 이민자 수만 명을 가두려고 강제수용소를 짓는 비열한 짓까지 저질렀으니 말이다.

1904년에 벌어진 러일전쟁에서 일본군은 자신들이 10년 전 동학군을 살육했던 것처럼 똑같은 학살의 대상이 된다. 8월 7일부터 12월 5일까지 벌어진 뤼순 공방전에서 러시아군의 맥심 기관총과 대포의 집중 사격을 받고 무려 1만 5000명이 전사하고, 4만 5000명이 부상당한 것이다. 일본 육군 총사령관 노기 마레스케의 아들마저 돌격하다 전사했을 정도로 당시 전황은 끔찍했다. 무모하게 돌격만 하다가는 전멸하리라는 사실을 간신히 깨달은 일본군은 야포와 산탄포 수백 대로 러시아군 진지를 집중 공격해 겨우 승리할 수 있었다.

러일전쟁은 기관총을 이용한 참호전을 선보였다는 점에서

■ 1차 대전 때 사용된 비커스 기관총.

1차 대전의 예고편이었다. 1914년, 1차 대전이 발발하자 영국과 프랑스, 독일을 비롯한 서구 열강들은 기관총이 얼마나 무서운 무기인지를 뼈저리게 실감한다. 전쟁 초반부, 영국과 프랑스군은 어리석게도 맥심보다 더 우수하게 개량된 비커스Vickers 기관총으로 무장한 독일군 진지를 향해 정면으로 돌격했다가 참살을 당했으니 말이다.

비커스 기관총은 맥심 기관총보다 더 가볍고 빨리 쏠 수 있어, 단번에 적군을 몰살할 수 있었다. 한 예로 1916년 7월 1일 벌어진 솜 전투에서 독일군은 자신들의 진지를 향해 돌격해 오는 영국군 5만 5000명을 그 자리에서 모두 쏘아 죽였다.

그런데 얄궂게도 비커스 기관총은 영국 기업인 비커스에서 제조한 무기였다. 영국 회사가 만든 무기에 영국군들이 몰살당한 것이다. 군사 기술이 뒤떨어진 후진국과 원시 부족들을 살육하며 서구 제국주의의 상징물이 된 기관총이 그것을 만든 장본인인 서구인들을 거꾸로 겨냥했으니, 참으로 씁쓸한 역설이 아닐 수 없다.

'천 개의 태양보다 더 찬란한' 죽음의 빛, 원폭

7월 16일 미국 뉴멕시코의 앨라모고도 공군 기지에서 역사상 최초로 원자폭탄 실험이 이루어졌다. 폭탄이 폭발하자 무시무시한 초고열 폭풍과 굉음, 섬광이 발생했고, 버섯구름은 고도 12킬로미터까지 올라갔다. 폭탄이 터진 반경 700미터 이내의 모든 모래가 완전히 녹아 유리 결정체로 변했다.

■ 원자폭탄.

인류 역사가 시작된 이래, 수많은 무기가 등장했다 사라졌다. 멀리는 구석기 시대에 등장한 활과 화살로부터 아리안족이 선보인 전차, 마케도니아의 긴 창 사리사sarissa, 로마의 단검 글라디우스Gladius, 중국의 쇠뇌와 화약 그리고 총과 대포에 이르기까지 무수한 무기가 세계사와 운명을 함께했다. 세계의 역사는 곧 전쟁의 역사라고 해도 과언이 아니다.

이러한 무기의 발달사에서 가장 획기적인 것을 든다면 바로 원자폭탄이다. 원자폭탄은 전쟁 방식을 완전히 바꾸어 놓았기 때문이다. 그전까지는 인간과 인간이 직접 전장에서 맞부딪치며 싸웠지만 원자폭탄은 그럴 필요가 없게 만들었다.

■ 새 무기 개발에 들어간 '맨해튼 계획'

1942년, 미국 육군 공병단 소속의 과학자들은 맨해튼의 콜롬비아 대학에서 원자핵이 분열할 때 생기는 막대한 양의 에너지를 군사적인 무기로 이용할 방법을 연구하기 시작했다. 이 프로젝트가 '맨해튼 계획'이다.

맨해튼 계획에 참여한 과학자들은 아인슈타인을 비롯해 오펜하이머, 엔리코 페르미, 헤럴드 유리 등 당대 최고의 석학이었다. 영국과 캐나다 정부도 미국과 손잡고 자국의 우수한 과학자들을 미국으로 보내 이 계획을 거들었다.

■ 원자폭탄 개발에 참여한 아인슈타인.

원자폭탄을 만들려면 핵분열을 일으키는 우라늄 235와 플루토늄 239가 반드시 있어야 하는데, 맨해튼 계획에 참여한 과학자들은 수많은 시행착오를 거친 끝에, 두 물질을 추출해 내는 데 성공한다. 1942년 12월, 엔리코 페르미는 세계 최초의 원자로인 '시카고·파일 1호'를 완성해 핵분열 연쇄반응을 제어하는 데 성공한다.

하지만 원자폭탄을 만들려면 농축된 다량의 우라늄과 플루토늄 그리고 핵분열을 계속할 수 있는 대규모 원자로가 필요했다. 미국 정부는 원자로 개발에 20억 달러를 쏟아 부었다. 맨해튼 계획이 최초로 입안된 1940년 2월, 투입된 예

산이 6000달러였던 점을 감안하면 엄청난 액수를 투자한 셈이다.

1945년에 이르자 핵폭탄에 쓰일 정도로 많은 양의 플루토늄 239가 생산되었으며, 이해 7월 16일 미국 뉴멕시코의 앨라모고도Alamogordo 공군 기지에서 역사상 최초로 원자폭탄 실험이 이루어졌다. 폭탄이 폭발하자 무시무시한 초고열 폭풍과 굉음, 섬광이 발생했고, 버섯구름은 고도 12킬로미터까지 올라갔다. 폭탄이 터진 반경 700미터 이내의 모든 모래가 완전히 녹아 유리 결정체로 변했다. 나중에 이 폭탄의 위력을 조사한 과학자들은 다이너마이트 2만 톤의 파괴력에 맞먹는다고 보았다.

폭발 당시 과학자들은 약 9킬로미터 떨어진 벙커 안에서 그 장면을 지켜보았는데 모두 입을 다물지 못했다. 그중 오펜하이머는 "천 개의 태양보다 더 찬란했다"며 고대 인도의 서사시 〈마하바라타〉의 한 구절을 인용했다.

마침내 1945년 8월 6일, '리틀보이'라고 명명된 원자폭탄
이 일본 히로시마에 떨어졌다. 짧은 순간 무시무시한 방사
능 폭풍이 일었고, 전체 인구 34만 명 중 6만 6000명이 죽
고 7만 명이 부상을 당했다. 폭발 지점에서 반경 10제곱킬
로미터까지 완전히 초토화되었고, 도시의 70퍼센트가 파괴
되었다.

사흘 후인 8월 9일, 나가사키에 두 번째 원자폭탄이 떨어
졌다. 4만 명이 죽고, 2만 6000명이 부상을 당했으며, 도시
의 절반이 역시 초토화되었다. 미국이 만들어 낸 이 전대미
문의 신무기 앞에서 일본은 저항할 의지를 잃었으며, 6일
후인 8월 15일, 무조건 항복하기에 이른다.

미국의 원자폭탄 사용에 관해서는 반세기가 지난 지금도
여전히 의견이 분분하다. 민간인을 대량 학살했다는 점을
부각시킨 부정적인 시각과 2차 대전을 일찍 끝냈다는 긍정
적인 시각이 첨예하게 맞서고 있다. 부정적인 시각을 가진
사람들은 원폭은 너무나 잔인한 처사였노라 비판하고, 긍정
적인 주장을 펴는 사람들은 원폭의 투하로 오히려 전쟁이
빨리 끝나 희생자가 줄어든 점을 강조하는 한편 전쟁 막바

1945년 8월 9일 나가사키에 떨어진 원자폭탄. 원자폭탄이 떨어지기 전(위)과 후(아래).

지에 일본도 도쿄 대학과 이화학연구소를 통해 은밀히 원자폭탄 개발에 나서고 있었다는 점을 들어 반박한다.

이와 관련해서 어떤 이들은 미국이 독일이 아닌 일본에 원폭을 투하한 것을 동양인을 멸시한 인종차별적인 행동이었다고 비판하기도 하는데, 이는 지나친 억측이다. 히틀러는 1945년 4월 30일 자살했고, 나치 독일은 1945년 5월 8일 연합군에게 항복했다. 그런데 원자폭탄은 나치가 패망한 두 달 뒤인 7월 16일에 성능 실험을 마치고 비로소 실용화되었다.

▬ 원폭을 과신한 미국

원자폭탄으로 일본을 굴복시킨 미국은 2차 대전 이후, 명실상부한 세계 최강대국으로 급부상한다. 소련과 더불어 세계를 지배하는 자리에 앉는다. 하지만 원폭이 미국에 좋기만 한 것은 아니었다. 미국 최고의 저널리스트로 칭송받는 데이비드 핼버스탬은 자신의 책 《콜디스트 윈터 The Coldest Winter》에서 2차 대전 이후 미국은 원폭을 과신한 나머지, 원폭만 있으면 세계 모든 나라가 미국을 두려워해 결코 덤빌 수 없으리라는 환상에 젖어, 기존의 재래식 전력을 대폭 줄이고 공산권 확장의 위협이 도사리고 있던 한국에서 철수하는 실수를 저질렀다고 비판했다. 이 때문에 1950년 6월 25일 한국전쟁이 발발하자 초전부터 북한군에 밀려 참패를 당하는 수모를 겪었다는 것이다.

원자폭탄은 파괴력이 워낙 치명적이어서 함부로 쓸 수 없었다. 한국전쟁 당시 미군 총사령관이던 맥아더는 중공군이 투입되면서 전세가 불리해지자, 만주를 포함한 중국 본토에 원자폭탄을 떨어뜨리자고 정부에 건의했다가 오히려 해임되었다. 미국 정부는 자칫 3차 대전으로 확산될까 걱정했던 것이다.

━ 체르노빌의 경고

2차 대전이 끝나면서 원자폭탄을 탄생하게 한 우라늄과 플루토늄은 다른 용도로 각광을 받는다. 원자력발전소에 쓰인 것이다. 1954년 6월, 소련 오브닌스크Obninsk에서 세계 최초의 원자력발전소가 가동되었고, 2년 후인 1956년 10월에는 영국 콜더 홀Calder Hall에서 세계 최초의 상업용 원자력발전소가 운전되었다. 1957년 12월, 미국 시핑포트Shippingport에서도 원자력발전소가 가동되었다.

━ 원자력발전소의 위험성을 알린 체르노빌 원전

한국에서는 조금 늦은 1978년 4월, 고리원자력발전소 완공을 시작으로 본격적인 원자력 발전 시대로 들어선다. 울진과 영광에도 원자력발전소가 건설되었으며, 전체 에너지의 약 40퍼센트를 원전이 차지할 정도로 비중이 높아졌다.

하지만 원자력발전소에는 어두운 이면도 있었다. 원자력에너지는 무공해 청정에너지로 찬사받았지만, 원전 자체는 기존의 수력이나 화력발전소보다 더 위험하다는 사실이었다. 이런 위험성을 분명히 보여 준 사건이 소련 체르노빌 원자력발전소 폭발이었다. 이 사건은 1986년 4월 26일, 4호기 원자로가 과열돼 폭발하면서 일어났는데, 이때 엄청난 양의 방사능이 유출된다. 이로 인해 인근에 살던 주민들과 사고 뒷수습을 하던 많은 이가 목숨을 잃었다. 해체 작업에 동원된 노동자 5722명과 민간인 2510명이 사망하고, 43만 명이 암·기형아 출산 등 각종 후유증을 앓고 있다.

체르노빌 사고로 유출된 방사능은 우크라이나 일대에만 머무르지 않았다. 바람을 타고 동유럽은 물론 영국과 프랑스, 독일 같은 서유럽까지 퍼져 나갔다. 이 때문에 독일과 이탈리아, 프랑스 정부는 국민들에게 방사능 함유량이 높은 고사리나 순록 고기 등을 절대 먹지 말라고 권고까지 했다.

현재 체르노빌 발전소는 콘크리트로 뒤덮여 있지만, 사건이 마무리된 것은 아니다. 콘크리트 보호막도 수명이 있어서 15년마다 새로 교체해 주어야 하며, 자칫 소홀히 하면 다시 방사능이 유출될 수 있으니 정말 무서운 일이다.

체르노빌 사건에 버금가는 사건이 2011년에도 일어났다. 2011년 3월 일본 동부에서 대지진이 일어나 후쿠시마 원자력발전소가 폭발한 것이다. 이 때문에 태평양과 대기 중에 방사능이 누출되어, 한국과 중국 등 인근 국가가 초비상 상태에 빠졌다. 이 사고는 여전히 수습 중이다.

원자력발전소가 위험한 또 다른 이유는 발전소를 돌리는 과정에서 막대한 방사능 폐기물이 계속 생긴다는 점이다.

방사능 폐기물들은 자연 상태에서 최소한 300년은 지나야 인체와 자연에 유해한 독성이 사라진다. 그중 플루토늄은 무려 2만 년이나 걸린다.

원자력발전소를 가진 세계 각국의 정부들은 방사능 폐기물을 안전하게 보관한다고 주장하고 있으나, 한 정부가 수백에서 수만 년까지 어떻게 그 폐기물들을 철저하게 관리할 수 있겠는가. 더욱이 지금 기술이라야 땅속 깊이 묻는 게 고작인데, 일본의 경우처럼 예기치 못한 지진이나 화산 폭발이라도 일어나면 어찌할 것인가. 심각한 전쟁이라도 벌어지면 또 어떻게 할 것인가.

원자력발전소 찬성론자들은 들인 비용에 비해 많은 에너지를 생산해 낸다는 점을 내세우지만, 300년에서 최대 2만 년까지 폐기물을 관리, 감시하는 시간과 비용을 감안해 보면 그렇지만도 않은 것이다. 앞으로 방사능 폐기물을 깨끗하게 처리할 기술을 개발하거나, 원자력을 대신할 만한 안전하고 효율적인 에너지를 개발해 내야 인류의 미래는 더 밝아질 것이다. 그렇지 않으면, 가까운 미래에 지구는 방사능 폐기물로 뒤덮인 '죽음의 별'이 되고 말 테니까.

2차 세계 대전 이후 핵무기가 실제로 전쟁에서 쓰인 적은 없었지만, 한 나라의 운명에 큰 영향을 끼친 일들은 많다. 단적으로, 21세기에 이라크와 리비아는 핵무기가 없어서 외세의 침략에 속수무책으로 당했다. 반면 북한은 핵무기가 있어서 이라크와 리비아처럼 되지 않았다.

2003년 3월 20일 미국 정부는 "이라크의 독재자인 사담 후세인이 핵무기 같은 대량살상무기들을 갖고 있다. 이는 세계 평화를 위협하는 요소이니 결코 가만히 내버려 둘 수 없다"라고 주장하고 이라크를 공격하여 전쟁을 일으켰다.

그러나 이라크 전쟁은 처음부터 명분이 없는 전쟁이라는 격렬한 비판을 받았다. 우선 정말로 이라크가 핵무기를 갖고 있느냐는 의문이 제기됐다. 1998년 4월 21일 〈인터내셔널 헤럴드 트리뷴〉은 국제 원자력 기구IAEA의 발표를 인용하여 "이라크는 핵무기를 가지고 있지 않으며, 핵무기를 만들 가능성도 없다"고 보도했다. 심지어 미국의 강경파인 딕 체니 국방장관조차 1991년 걸프전 직후에 "사담 후세인은 핵무기 제조를 할 의도가 없다"라고 시인할 정도였다.

이라크는 1991년 미국 및 그 동맹국들과 벌인 걸프전에서 패배한 이후 줄곧 미국의 경제제재를 받아 무려 1150억 달러의 경제 손실을 입었고 50만 명이 음식과 약품이 부족해 굶어죽을 만큼 피해가 막심해서 핵무기에 쓸 돈도 없었다.

그럼에도 미국 정부가 이라크에 핵무기 같은 대량살상무기가 있다고 주장하면서 전쟁 분위기를 고조시키자, 겁이 난 사담 후세인은 세계 각국의 언론인과 핵무기 사찰단을 이라크로 불러 군사 시설들을 보여주면서 "우리는 핵무기가 없다! 제발 우리를 공격하지 말라!"라고 간절히 호소했다.

하지만 끝내 미국은 "이라크 어디인가에 반드시 대량살상무기가 있을 것이다!"라고 우기면서 전 세계의 반전 여론을 무릅쓰고 이라크 전쟁을 강행했다. 전쟁 자체는 미국의 일방적인 우세였고, 미군을 피해 숨어있던 사담 후세인도 2003년 12월 14일 티그리트에서 미군에게 사로잡혀 갇혀 있다가 2006년 12월 30일 교수형에 처해졌다. 그렇게 이라크는 철저하게 미군의 군사력 앞에 무릎을 꿇었다.

그런데 정작 전쟁의 명분이 된 핵무기는 미군이 그토록 샅샅이 뒤져보아도 이라크 어디에서도 발견되지 않았다. 그러자 이를 두고 많은 사람들은 "이라크는 핵무기가 없었기 때문에 미군에게 당한 것이다. 만약 이라크에 정말로 핵무기가 있었다면 미군이 쳐들어 올 수나 있었겠나?"라고 비아

냥거렸다.

그런 주장은 결코 빈말이 아니었다. 이라크처럼 핵무기가 없어서 외침을 당해 나라가 짓밟힌 경우가 더 있었으니, 바로 리비아였다. 리비아의 독재자인 카다피는 핵무기를 만들고자 오랫동안 노력해 왔으나, 대량살상무기를 핑계로 2003년 미국이 이라크를 공격하자 겁을 먹고 2003년 12월 "리비아는 모든 핵무기 개발을 중단하고 앞으로 어떠한 핵무기도 소유하거나 사용하지 않겠다"라고 선언했다.

이 선언에 미국과 영국 등 서구는 만족스러워했으나, 핵무기를 포기한 대신 리비아에 경제 지원을 해달라는 카다피의 호소에는 아무런 호응도 하지 않았다. 그리고 2011년 3월 18일, 미국과 영국은 "카다피가 리비아인들의 시위를 폭력으로 탄압하니 인도적인 차원에서 그를 응징해야 한다"라고 주장하며 다음 날부터 리비아를 폭격했다. 그렇게 7개월 동안 미국과 영국은 리비아를 폭격했고, 마침내 2011년 10월 20일 카다피는 서구의 지원을 받는 반정부군에게 붙잡혀 죽임을 당했다. 이라크처럼 리비아도 핵무기를 버렸다가 오히려 서구에게 당하고 만 것이었다.

반면 북한의 경우는 이라크나 리비아와 정반대다. 북한은 핵무기를 버리기는커녕 오히려 더욱 핵전력을 강화해서

2017년 "국가 핵무력 완성"을 선포했음에도 미국에게 어떠한 공격도 받지 않았다. 오히려 2018년 6월에는 미국 대통령 트럼프와 북한 지도자 김정은이 싱가포르에서 만나 정상회담까지 했다.

이를 두고 일부에서는 "북한이 미국 본토에까지 닿는 사정거리 1만km의 대륙간 탄도 미사일과 거기에 장착을 할 핵탄두를 갖고 있기 때문에 미국이 대화를 하고 있다. 만약 북한이 핵무기가 없었다면 진즉에 이라크 꼴이 났을 것이다"라고 주장했다. 심지어는 "미국이 북한에게 교훈을 준 것이다. 핵무기가 없으면 이라크나 리비아처럼 될 테니, 무슨 일이 있어도 핵무기를 절대 포기하지 말라고 말이다"라는 의견도 제시되고 있다.

실제로 핵무기를 포기했던 이라크와 리비아는 미국에게 공격당해 정부가 무너지고, 나라가 수많은 군벌들로 분열되어 수십만 명의 사상자가 발생한 내전에 휩싸였다. 그러나 북한은 핵무기를 계속 보유한 덕에 외침을 당하거나 내전이 일어나는 급격한 위기를 모면하고, 2018년에 들어와서는 미국과의 정상회담까지 벌일 만큼 정국이 안정되고 있다. 과연 어느 쪽의 선택이 현명했는지는 이 책을 읽는 여러분들께서 판단해주시기 바란다.

전쟁광이 쏘아 올린 로켓

미국 정보부 보고에 따르면, V2 로켓은 발사된 지 3분 만에 런던 상공에 모습을 드러냈다고 한다. 영국의 최신 전투기 스피트파이어를 조정하던 파일럿들은 V2 로켓이 날아오면 그저 지켜보는 것 말고는 아무것도 할 수 없었다고 고통스럽게 술회했다.

오랜 시간 인류에게 밤하늘의 달과 별은 꿈속에서나 갈 수 있는 곳이었다. 별에는 신들이 산다고 꿈꾸기도 했다. 하지만 인류는 꿈을 꾸는 것에서 멈추지 않았다. 땅을 벗어나 하늘과 그 너머에 있는 세계에 닿기 위해 끊임없이 시도했다.

■ 우주.

■ 동양 최초의 로켓, 화룡출수

오늘날 선진국들이 앞다투어 뛰어들고 있는 우주 개발의 꿈을 실현하는 데 가장 필수적인 도구가 바로 로켓이다. 로켓은 화약이 등장하면서 탄생했는데, 최초의 로켓은 14세기 말 중국 명나라에서 발명되었다.

명나라 때에 개발된 화룡출수火龍出水는 세계 최초의 다단계 로켓이라고 할 수 있다. 화룡출수는 1.5~1.8미터로 자른 대나무 통 안팎에 화전을 장착한 2중 구조인데, 안에는 여러 발을 장전하고 밖에도 추진용 화전 4개를 장착한다. 여기에 불이 붙으면 도화선을 타고 안의 화전에도 불이 붙어 발사되는 원리다. 최대 1킬로미터까지 날아갈 수 있었고, 군사적인

명나라 때 개발된 세계 최초의 다단계 로켓인 화룡출수. 《화룡경》에 수록.

용도로 만들어졌다. 명중률이 낮아 실제적인 살상보다는 요란한 굉음과 불꽃으로 적을 놀라게 하는 데 중점을 두었다.

서양에서는 1804년, 영국의 윌리엄 콘그리브 William Congreve가 자신의 이름을 따서 콘그리브 로켓을 만들었다. 이 로켓은 본래 인도 마이소르 왕국의 티포 술탄이 만든 '마이소르 로켓'을 개량한 것이다. 마이소르 군대와 싸우면서 영국군은 이 로켓의 존재를 알고는 무척 놀랐다. 그리고 전쟁이 끝나자마자 서둘러 로켓 제조법을 입수해 더 발전시켰다. 콘그리브 로켓은 최대 3킬로미터까지 날아갔으며, 영국군은 1812년 미국의 수도 워싱턴을 점령할 때 그리고 1815년 워털루 전투에서 이 로켓을 사용했다.

콘그리브 로켓은 명중률이 그다지 높지 않았다. 화룡출수처럼 실제 살상보다는 요란하고 큰 소리로 적을 놀라게 하거나 건물에 불을 지르는 용도였다. 1850년 무렵에는 전투용이 아닌 신호용으로만 쓰였다. 콘그리브 로켓은 근대에서 현대 로켓으로 건너가는 이정표 역할을 했다는 점에서 의의가 크다.

━━ 히틀러와 V2 로켓

1865년 프랑스 소설가 쥘 베른이 발표한 《지구에서 달까지*From the Earth to the Moon*》는 로켓을 이용해 지구 밖의 다른 별을 탐험한 내용을 다룬 소설이다. 화약 180톤을 채워 넣은 300미터 대포에 세 명이 탑승한 포탄 모양의 우주선이 달로 발사되고, 세 명은 우주 공간에서 달의 모습을 관찰한 다음 지구로 돌아온다는 게 주 내용이다. 당시로서는 대담한 상상력이라 많은 독자의 찬사를 받았다.

그런데 이 소설이 어떤 독자들에게는 매우 현실적으로 느껴졌던 모양이다. 《지구에서 달까지》를 읽은 어느 대부호가 자신이 모든 비용을 댈 테니 소설에서처럼 달로 갈 수 있는 우주선에 태워 달라고 쥘 베른에게 요청한 일도 있다고 한다. 물론 당시 과학기술로는 불가능한 바람이었다. 하지만 "상상하는 것은 모두 현실이 된다"고 하지 않는가. 20세기

■ 1865년 쥘 베른이 쓴 소설 《지구에서 달까지》에 실린 삽화. 로켓 발사 장면이다.

들어 로켓공학이 거듭 발
전하면서 쥘 베른의 소설
내용이 마침내 현실로 이
루어진다.

1926년, 미국 스미스소
니언협회의 로버트 고다드
Robert Goddard는 세계 최
초로 액체 연료를 사용하
는 현대적 개념의 로켓을
쏘아 올렸다. 이 사건은 로
켓공학이 발전하는 시발점

■ 1963년 케네디 대통령과 함께 있는 베르
너 폰 브라운(왼쪽).

이 된다. 20년대 말에는 현대 로켓의 아버지라 불리는, 독
일의 로켓 연구가 베르너 폰 브라운Wernher Von Braun이
등장한다.

어릴 때부터 우주여행을 열망했던 폰 브라운은, 아마추어
우주 연구가와 비행사들의 모임인 독일우주여행협회에 가입
해 로켓 개발을 연구한다. 1929년에는 액체 연료 로켓을 고
안했고, 베를린 공과대학에 들어가서는 로켓에 들어가는 모
터도 개발한다. 이때까지만 해도 그의 연구는 우주 탐험과
로켓을 좋아하는 순수한 호기심 수준에 머물렀다.

그러나 나치당이 독일을 지배하면서 폰 브라운은 군사적인 목적으로 연구 방향을 튼다. 2차 대전을 준비하던 나치당은 독일 사회를 전시 체제로 재편하고, 로켓을 효과적인 공격형 무기로 삼을 계획도 세운다. 히틀러는 폰 브라운에게 로켓 연구에 필요한 자금을 지원하면서 군사용 로켓을 개발하라고 지시했다. 그 결과 1934년 4월 16일, 액체 연료로 발사되는 로켓 A2가 발명된다. 이 로켓은 고도 2.2~3.5킬로미터까지 안정적으로 비행하는 데 성공한다. 이후에 폰 브라운은 더욱 큰 로켓을 발사하기 위해 로켓 엔진도 개발한다.

미국과 소련, 영국 등 연합군의 반격이 거세지면서 전황이 악화되자 히틀러는 폰 브라운을 비롯한 로켓 연구가들을 닦달하기 시작했다. 1942년 마침내 세계 최초의 탄도미사일, V2 로켓이 개발되었다. 여기서 'V'는 독일어 '보복무기Vergeltungswaffe'에서 머리글자를 딴 것이다. 당시 V2 로켓 공장에는 노동자 6만여 명이 강제로 끌려와 일했는데, 대부분 소련과 폴란드, 프랑스인이었다. 이들 중 약 9000명이 로켓을 만들다 굶주림과 전염병으로 죽었다.

이런 어두운 배경에서 탄생한 V2 로켓은 1942년 10월 3일, 첫 번째 발사에 성공한다. 14미터에 120톤이 넘는 거대한 로켓이 빠른 속도로 날아간다는 사실에 히틀러는 "놀랍

고 경이로운 무기"라고 극찬하
며, 당장 V2 로켓을 대량 생산
해 연합군 중심지인 런던을 집
중 포격하라고 명령했다.

■ 발사되는 V2 로켓.

　히틀러의 명에 따라, 1944년
부터 패망하는 1945년 5월까지
독일 전역에서 V2 로켓 약
5200대가 생산되어 실전에 배
치되었다. 로켓들은 연합군의
총본부인 런던과 연합군이 유럽
에 상륙하는 거점인 네덜란드와 벨기에 등지를 향해 집중적
으로 발사되었다.

　연합군 측은 큰 충격을 받았다. 비행 속도가 너무 빨라 어
떠한 전투기나 대공포로도 요격이 불가능했기 때문이다. 미
국 정보부 보고에 따르면, V2 로켓은 발사된 지 3분 만에
런던 상공에 모습을 드러냈다고 한다. 영국의 최신 전투기
스피트파이어Spitfire를 조정하던 파일럿들은 V2 로켓이 날
아오면 그저 지켜보는 것 말고는 아무것도 할 수 없었다고
고통스럽게 술회했다.

　전세가 점점 불리해지자 히틀러는 V2 로켓 탄두에 신경가

스 같은 독가스를 장착해 영국으로 날려 보낼 생각까지 한다. 그러나 다행히 이 계획은 실행되지 않았다.

V2 로켓의 도입에도 독일은 불리한 전황을 역전시키지는 못했다. V2 로켓은 목표점에 이르기 전에 폭발하는 경우가 많았고, 탄도 연구가 덜 돼 원하는 목표를 정확히 명중시키지도 못했다. 더욱이 이 로켓을 만드는 데 너무 많은 돈을 쏟아 부어, 전투기와 전투부대를 편성할 비용이 부족해지는 역효과도 낳았다.

━━ 마침내 실현된 우주여행

V2 로켓은 오히려 독일군 적수였던 미국에서 주목을 받는다. 독일을 점령한 미국은 V2 로켓과, 폰 브라운과 발터 도른베르거를 포함한 로켓 연구가 126명을 재빨리 모아 미국으로 데려갔다. 연구가들은 V2 로켓의 엔진을 조립해서, 1947년 5월 29일 미국 뉴멕시코에서 발사 실험을 성공리에 마친다. 9월 6일, 폰 브라운은 V2 로켓을 미국 항공모함인 USS엔터프라이즈에서 발사하는 실험도 무사히 끝냈다.

이에 매우 만족한 미군 관계자들은 1950년, 폰 브라운을 미사일 연구 총책임자로 임명하고 로켓 연구에 관한 모든

아폴로 11호 발사 장면.

것을 그에게 맡겼다. 미국의 배려에 감동했던지 폰 브라운은 1955년, 미국으로 귀화해 미국 시민이 되었다. 그리고 1958년에 설립된 미국 항공우주국인 NASA에서 근무하면서 로켓 연구에 혼신의 힘을 쏟았다.

그의 노력은 곧바로 결실을 맺었다. 1958년, 소련에 이어 미국에서도 처음으로 인공위성(익스플로러 1호)을 쏘아 올린 것이다. 1969년에는 최초의 유인 우주선인 아폴로 11호가 발사되었는데, 아폴로 11호를 탑재한 새턴 V 로켓은 V2 로켓의 구조를 응용한 것이었다.

인간이 달에 발을 디딘 이 놀라운 사건 뒤에는 인류 역사에 씻을 수 없는 상처를 낸 나치라는 존재가 있었다. 이렇게 보면, 같은 기술이라도 어떻게 사용하느냐에 따라 가치가 달라지는 법이다.

참고한 책들

《강좌 중국사 5》, 서울대동양사학연구실 편, 지식산업사

《걸프전 항공전역 분석》, 제임스 위니필드 외, 홍성표 옮김, 해든아침

《걸프 전쟁》, 김선유 지음, 청림출판

《굿모닝 러시아》, 조재익 지음, 지호

《나치즘, 열광과 도취의 심리학》, 슈테판 마르크스 지음, 신종훈 옮김, 책세상

《네 무덤에 침을 뱉으마 1》, 진중권 지음, 개마고원

《동남아시아사》, 최병욱 지음, 대한교과서주식회사

《러시아사 100장면》, 이무열 지음, 가람기획

《루이 14세는 없다》, 이영림 지음, 푸른역사

《리오리엔트》, 안드레 군더 프랑크 지음, 이희재 옮김, 이산

《마오》, 장융 지음, 오성환 옮김, 까치

《마지막 황제》, 진순신 지음, 김정희 옮김, 솔

《명청시대 사회경제사》, 오금성 지음, 이산

《무기와 방어구: 중국편》, 시노다 고이치 지음, 신동기 옮김, 들녘

《미국의 걸프전 전략》, 해리 섬머스 지음, 권재상 · 김종민 옮김, 간디서원

《미국의 이라크 전쟁》, 노암 촘스키 외, 이수현 옮김, 북막스

《바이킹》, 이브 코아 지음, 김양미 옮김, 시공사,

《비잔티움 연대기 2》, 존 줄리어스 노리치 지음, 남경태 옮김, 바다출판사

《사담 후세인 평전》, 사이드 K. 아부리쉬 지음, 박수철 옮김, 도서출판자전거

《삼국지》, 나관중 지음, 이문열 편저, 민음사

《세계를 속인 200가지 비밀과 거짓말》, 데이비드 사우스웰 지음, 안소연 옮김, 이마고

《세계사 최대의 전투: 모스크바 공방전》, 앤드루 나고르스키 지음, 차병직 옮김, 까치

《아무도 말하지 않는 미국 현대사 1, 2》, 올리버 스톤 · 피터 커즈닉 지음, 이광일 옮김, 들녘

《아틀라스 전차전》, 스티븐 하트 · 마틴 J. 도허티 · 마이클 E. 해스큐 지음, 김홍래 옮김, 플래닛미디어

《아프리카의 역사》, 존 아일리프 지음, 이한규 옮김, 이산

《앵글로색슨족의 역사와 언어》, 박영배 지음, 지식산업사

《역사의 비밀 2》, 한스 크리스티안 후프 지음, 이민수 옮김, 오늘의책

《이라크 전쟁과 사담의 비밀》, 사만 압둘 마지드 지음, 주세열 옮김, 사회와연대

《이슬람 1400년》, 버나드 루이스 지음, 김호동 옮김, 까치

《이야기 중국사 3》, 김희영 지음, 청아출판사

《이집트 역사 100장면》, 손주영 지음, 가람기획

《전투기 100년 역사》, 김성걸 지음, 한국국방연구원

《제1차 세계대전》, 피터 심킨스·제프리 주크스·마이클 히키 지음, 강민수 옮김, 플래닛미디어

《제국》, 닐 퍼거슨 지음, 김종원 옮김, 민음사

《중국 오천년 2》, 진순신 지음, 이혁재 옮김, 다락원

《중국 환상세계》, 시노다 고이치 지음, 이송은 옮김, 들녘

《중국의 역사: 진한사》, 니시지마 사다오 지음, 최덕경 옮김, 혜안

《중동의 역사》, 버나드 루이스 지음, 이희수 옮김, 까치

《초원의 전사들》, 에릭 힐딩거 지음, 채만식 옮김, 일조각

《캠브리지 중국사 10》, 존 K. 페어뱅크 지음, 김한식 엮음, 새물결

《켈트족》, 크리스티안 엘뤼에르 지음, 박상률 옮김, 시공사

《쾌락의 혼돈》, 티모시 브룩 지음, 이정 옮김, 이산

《패자》, 진순신 지음, 이언숙 옮김, 솔

《폭격》, 김태우 지음, 창비

《피의 기록, 스탈린그라드 전투》, 안토니 비버 지음, 조윤정 옮김, 다른세상

《한국 현대사 산책 1950년대 편 1~3》, 강준만 지음, 인물과사상사

《헤로도토스의 역사》, 헤로도토스 지음, 박광순 옮김, 범우사

참고한 사이트

www.cocanaturally.com

thenonist.com/index.php/thenonist/permalink/vin_mariani

cafe.daum.net/shogun/1Db/3771

cafe.daum.net/shogun/1Db/3774